生き物と幼児

ムクロジの木の下で

石塚百合子

ななみ書房

まえがき

　私が子どもの頃，地域には保育園・幼稚園がありませんでした。
　でも里山を駆け回り季節の変化を全身で感じながら育ったことは，今の私の精神構造を形作っているといってもいいほど強い影響を受け，生きる力を与えられたと思っています。
　気持ちが落ち込んだ時など幼少時のそうした記憶が浮かび，再び力が湧いてくるのです。この記憶は生涯生きる力として私を支えてくれるに違いありません。
　高校生の時，授業で保育の仕事の素晴らしさを知り，専門学校で資格を取り保育園に就職しました。十年後，仕事の傍ら明星大学通信教育学部で1種免許を取りました。副園長を経て程なく幼稚園の園長になりましたが，その頃から子どもを取り巻く人的物的環境が大きく変化していく時代の様子に危機感を覚え，もっと学びたいと，白梅学園大学の大学院に入りました。
　本書は，私が勤務するあおい第一幼稚園の幼児達が日々生き物や植物といかに深くかかわってきたか，それが子どものどういう育ちにつながっているか，また大人は，今何を考えなければいけないのかを，事例を通して保護者に伝えようと園便りにしたためていた保育の記録です。写真は園長の私と担任が，日常園庭や保育室で心が動いた時にカメラを向け撮りためたものの一部です。
　また3章は，大学院で修士論文（2014年度提出）に取り組んだものがベースになっており，他の地域の子ども達が，どのように生き物と出会い保育者や保護者はどのように考えているのか調査したものです。
　幼稚園の敷地は，決して広くはありませんし周りの環境も自然に恵まれているとは言えません。その中で私達は一生懸命子どもが自然に触れることが出来る遊び場作りを心がけ，それは今も続いています。
　幼い子ども達が過ごす場所に生きものの存在は不可欠と考えていますが，同時に命の在り方を一緒に考える大人の存在も大切です。
　私たちは毎月1回，職員全員で子どもが育つ環境を考える会に参加し，

実践した保育記録を持ち寄る勉強を 40 年間続けております。（保育と表現研究会代表：熊沢依子）

　若い保育者達も，子どもが見つめる先に小さな命の営みがあることに気づき，子どもの姿と共に見守ります。そして子どもの姿からたくさんのことを教わり保育者として成長していきます。保育者が切り取るスナップには子ども達の驚きと感動に共感する温かさがあふれています。

　私達人間が他の命をどう扱ったらいいのか答えはなかなか見つかりません。しかし子ども達が生き物に夢中になり，目を輝かせて見つめる姿を見る度に，同じ地球に生きる仲間が与えてくれる恩恵に感謝の気持ちでいっぱいになり，私達がなすべきことを考え続けています。

　今回の保育記録の上梓にあたり，子どもに寄り添い，共に見守ってくれた歴代のあおい第一幼稚園の職員の皆さまに限りない感謝を伝えたいと思います。また，白梅学園大学名誉教授の松本園子先生には大学院でご指導いただいて以来，本書についても励ましとご教示をいただきました。近藤幹生先生，福丸由佳先生には修士論文の副査としてご指導いただきました。ななみ書房・長渡晃氏には編集にあたりたくさんの助言を，そして白梅学園大学大学院の仲間からも多くの示唆を戴きました。最後に家族，今は亡き父と年老いた母に尊敬と感謝をささげたいと思います。

　2018 年 1 月

石塚百合子

もくじ

生き物と幼児 ― ムクロジの木の下で

まえがき

第1章　幼児と植物

 1 園庭で出会う植物 …………………………………………………………… 9
  ❶ ムクロジの木　9
  ❷ 野草と遊ぶ　10
  ❸ 植物と生き物は密接にかかわっている　11
  ❹ 子どもは季節の変化を体験的に知っている　13
  ❺ 畑のお助けマン　14
  ❻ 七夕に向けて―古来の伝統行事と植物　15
  ❼ 植物とのかかわりの素晴らしさを保護者に伝える　15
  ❽ どんぐり，柿の実　18
  ❾ 冬の自然と子ども　19
  ❿ 命の根っこを張るために　20

 2 遊びと労働 ………………………………………………………………… 21
  ❶ 芭蕉の林　21
  ❷ 雪のあとに　22
  ❸ 寒さに負けずに　23
  ❹ 地面再生プロジェクト！―子どもたちと一緒に環境を創る　23
  ❺ ビオトープ池ができた！　26
  ❻ 水たまり　28

第2章　幼児と生き物

 1 様々な生き物と関わる子ども達―あおい第一幼稚園の場合 ……………… 29
  ❶ カメと3歳児　30
  ❷ ウサギと4歳児　32
  ❸ カイコと5歳児　33
  ❹ 環境は生き物が影響しあい成り立っている　36

❺ アリと出会った5歳児　36
　　　❻ アヒルとアイガモ　37
　　　❼ ニワトリ　38
　　　❽ モルモット　39
　　　❾ ウサギのサマーハウス　40
　２　犬と幼児 ……………………………………………………………… 43
　　　❶ 3頭の犬を飼育して学んだこと－コロとプーさんとアイビー　44
　　　❷ 犬が園児に与えたもの　46
　　　❸ アイビーの死　48
　　　　●子ども達の反応　48
　　　　●卒園児・保護者の反応　51
　　　❹ 絵本「アイビー」の製作　54

第3章　幼稚園、保育園における生き物飼育 －子ども達は生き物に出会っているのか－

　１　調査の目的と方法 ………………………………………………… 57
　２　調査の結果 ………………………………………………………… 58
　　　❶ 飼育の有無　58
　　　❷ 飼育生き物の種類　58
　　　❸ 子どもの生き物へのかかわり方　59
　　　❹ 生き物の世話　60
　　　❺ 飼育以外の生き物との出会い　61
　　　❻ 生き物飼育で育つもの　62
　　　❼ 生き物飼育の困難性　64
　３　飼育調査から見えてきたもの …………………………………… 67
　　　❶ 幼稚園，保育園の生き物飼育についての意識の差　67
　　　❷ 昆虫飼育の長所と限界　67
　　　❸ 生き物の種類・地域の差によるかかわりの工夫　69
　　　❹ 子どもが命を感じる体験をするために　70

第4章　共に生きるために

　１　自然は美しいことばかりではない ……………………………… 71
　２　保護者はどう考えているか ……………………………………… 72
　　　❶ あおい第一幼稚園保護者の感想　72
　　　❷ 新潟市の幼稚園保護者の意識　74
　　　❸ 幼稚園保護者の意識調査から見えてきたもの　75

3 　共に生きる ………………………………………………………………… 77
　❶　ハグの勧め　　77
　❷　冬を楽しむ　　77
　❸　草木塔　　78
　❹　緑のバトン運動　　79
　❺　多摩川の達人　　80
　❻　池のザリガニ　　81
　❼　保護者，地域との協力　　82

表紙：あおい第一幼稚園４〜５歳児作品
　　　　（ピラカンサ・カイコ・蟻・ザリガニ・ウサギ）

あおい第一幼稚園　園庭マップ

第1章 幼児と植物

1 園庭で出会う植物と栽培

❶ ムクロジの木

　園庭に2本のムクロジの木があります。10年ほど前に中瀬幼稚園の雑木林から小さな苗をいただいて移植したもので、1本は、7～8mほどに成長し、秋になると琥珀色の実をたくさんつけます。2本目は今年ようやく実が付き始めました。

　ムクロジは日本各地に分布し非常に強堅で調布市の深大寺境内には15mを超える大木があります。ムクロジは、「無患子」と書き、子どもが病にかからず健やかに育つように願い、以前は学校やお寺、神社などによく植えられていたようです。

　ムクロジの実は、水で濡らしてこすると泡が立ちます。サポニンという成分が皮に含まれていて昔は洗濯に使っていたと聞きました。また、固い種はハネツキの羽に使われるなど、非常に有用であり、名前の由来からもこの植物をぜひ子ども達の生活の場に置きたいと思いました。今は種がこぼれて芽生えた若木が2本、すくすくと育っています。「今に大木になって始末が大変だよ……」と植木屋さんが呟きました。

　最近街を歩いて見かける大木の存在は哀れで、隣の敷地や道路に枝が伸びると落ち葉を嫌って無残に切り払われてしまい、のびのびした美しい対象形が損なわれています。真夏など剥き出しになった歩道がとても暑くて、歩きにくいところが増えています。知り合いのK保育園、S保育園でも園舎を建て替えた際に大きなメタセコイアと桜の木を伐り日陰が減りました。

　皮肉なことに、ここ数年夏の暑さが非常に厳しくなり、私たちは日中長時間外で過ごすことが難しくなってきました。幼稚園、保育園ではベランダや園庭を日除けで覆ったり室

写1　ムクロジの実

内で過ごさざるを得なくなってきて，ますます子どもの運動不足が心配になります。

市街地から大木は姿を消してしまっていいのでしょうか。子ども達を紫外線や猛暑から守るためにも，ぜひ大木の存在を見直す必要があると思うのです。

日陰は夏の時期，子ども達にとても気持ちの良い遊び場所になります。枝や葉についたセミの抜け殻に子ども達が群がるのも毎年のこと。木登り，木の実採り，空気の浄化等人間にとって木の存在は計り知れない恩恵があります。私は子ども達が過ごす幼稚園に，もっともっと木を植えていこうと思っています。

❷ 野草と遊ぶ

私が子どもだった頃，周りには空き地やあぜ道，林の中などに花や実，葉っぱを自由に摘む場所がたくさんありました。草の上を渡る風の匂い，青空を背に咲き誇る花と葉の鮮やかなコントラスト，冬枯れの道端に霜で縁どられた葉っぱなど，植物は美しいだけでなく，玩具になり，時にはおやつにもなる重要な遊び道具の一つでした。

秋になると家の裏山にある先祖の墓地にアケビを採りに行くのも楽しみの一つでした。少し時期を逃すと鳥に食べられていて悔しい思いをしたものです。学校帰りの田んぼの脇に生えているスズメノテッポウは，先端を抜きとり吹くと気持ちの良い音がしました。

また椿の花をシノダケの茎に差し頭に巻いたり，茂みを秘密基地にしたりと，数えきれない心弾む経験は半世紀過ぎた今も脳裏に鮮明に浮かびます。

一方，現在私が住み勤務する幼稚園の周りには，子ども達が遊んでいい空き地や原っぱ等ほとんど見当たりません。子ども達の居住地域も同様です。公園や住宅の塀を飾る美しい花々は当然ながら子ども達の自由にはならず，もしも採ったりしたら面倒なことになりかねません。

そこで，私は幼稚園に子ども達が植物を採っていいスペースをできるだけたくさん作ることにしました。ただ，私は子ども達と「たくさん咲いている花や実は採っても良いけど，咲き始めや数の少ない花や実はみんなで楽しみたいので採らないでね」と約束をしています。そうでないと，花壇の花や実は，あっという間に姿を消してしまいます。

香りのよいミント，レモンバーム等外来種の香草類は，私の子ども時代には出会わなかった植物で，花壇を占領しかねないほど生育旺盛ですが，飼育しているウサギも好んで食べるし保護者達も庭仕事の後お茶で飲んだりと大人にも子どもにも動物にも！人気のある植物の一つです。

花や実を摘む時，命を戴くことに感謝の気持ちを持ってほしいと願っています。ところが入園したばかりの子どもは花の採り方を知らないので，花首をつまんで引っ張り，持ちにくいのでいつの間にか捨ててしまいます。そこで花を摘みたい子ども達のために，ハサミ，小さな瓶，ビニール袋など用意することにしました。

写2　野草と遊ぶ ― 子どもたちが草花を自由に摘むことができる空間。

花を摘みたい時は，ストロー（茎のこと）を付けて水が吸えるように切る，保育者に採ってもらうなど，植物を傷付けないように繰り返し伝えています。

案外難しいのが，花壇に入る時，植物を踏まないように歩くことです。その配慮がないと，幼稚園の小さな花壇や畑は，虫を探す子ども達も加わりあっという間に踏み荒らされてしまうのです。

この約束をすべての3歳児達ができるようになるには時間がかかりますが，花にも命があること，生きていることを繰り返し繰り返し伝えて，大地の恵みを堪能しつつ，同時に他の生き物と共存するための気遣いを忘れないように生きていってほしいと願っています。

有難いことに保護者の皆さんも，毎年果樹を始め遊びに使えそうな植物を選んで苗，種を寄贈して下さいます。たくさん実を付けるアンズ，ミカン，イチジクも家庭から頂いたものです。数年前も，オナモミの種を探していたところ卒園記念にと種をプレゼントしていただき，今ではあちこちに自生し「くっつき虫」と呼ばれて子ども達の遊びが広がっています。

そして夏の間，台風や酷暑にも負けず，旺盛に育つ雑草と呼ばれる植物たちの元気なことといったら……！抜いても抜いても生えてくる雑草の役割ってなんだろうと調べてみました。

① 園芸種や作物を保護し成長を促進する。
② 雑草のマルチ（地表を覆い，作物を保護する。）
③ 土壌微生物や土壌菌を育む
④ 気温を調節する
⑤ 土を浄化する
⑥ 酸素を作り，二酸化炭素を固定する。

等，意外にもたくさんの役割があることが分かりました。（参考文献①）

さらに私は，幼稚園の生活の中で特に重要と思われる雑草の功績として……，

⑦ ウサギや陸ガメ，モルモットの餌
⑧ 虫や小さな生き物のすみか
⑨ 子ども達の遊び道具

の3点を追加したいと思います。

つまり，子ども達の豊かな生活や遊びに欠かせないのがこれらの草たちなのです。幼稚園の花壇を雑草の力を借りながらより豊かな子ども達の心と体を育てる場所にしていきたいと思っています。

3 植物と生き物は密接にかかわっている

レイチェル・カーソンは，「子ども達はきっと自分自身が小さくて地面に近いところにいるからでしょうか。小さなもの，目立たないものを探し出しては喜びます。（中略）いろいろな木の芽やつぼみ，咲き誇る花，それから小さな生き物たちを虫眼鏡で拡大すると思

写3 「くっつき虫だ！」オナモミで遊ぶ

写4　幼稚園の池で羽化したトンボ

いがけない美しさや複雑な作りを発見できます。それを見ているといつしか私たちは人間サイズの尺度の枠から解き放たれていくのです」と著書「センス・オブ・ワンダー」の中で述べています。（参考文献②）

小さな生き物たちは子ども達の遊び相手であり命の大切さを教えてくれます。

以前は身近にたくさん見かけましたが、今は生き物が暮らす環境そのものが少なくなってしまいました。植物をチョウ、バッタ等が食べ、それをカマキリ、トンボ等肉食系の昆虫が食べて、それを野鳥が食べて生きています。その環境があちこちにあり、繋がることで初めて鷹、鷲のような猛禽類が生きていけるのです。この生態系の絶妙なバランスを壊しているのは、もちろん私たち人間です。

私は30年ほど前から園庭を改造し、植樹、ビオトープ池や草むら、花壇、菜園などを作って環境を整えてきました。すると、市街地でも私たちの力で野生の生き物を呼び戻すことができるのではないかと気づくようになりました。

実際に園庭には、いつの間にか小さな生き物がたくさん住んでいますし、様々な蝶類、甲虫類が飛来するようになり、今度はそれを目当てに子ども達が網や飼育ケースを手に集まってきます。彼らが草むらで虫を追う姿は、私の子ども時代の風景とまったく同じでそれを見るたび胸が熱くなります。

早春、園庭には、ミモザ、ウメ、サクラ、バラ、アンズ、モモ、などの果樹や花木が次々に咲き始めます。

花壇や塀際の土手には菜の花、ビオラ、ノースポール、忘れな草、ヒアシンスなどの園芸種の他、紫ダイコン、オオイヌノフグリ、カラスノエンドウ、ナズナなど野草が咲き乱れます。池では、水生植物がぐんぐん茎を伸ばし始めます。鍋料理に使ったセリの根っこは、水の浄化の王様です。フトイの茎にギンヤンマが舞い降り尻尾を水の中に何度もつけてい

写5　カマキリにあげるバッタを捜す子ども達

写6　幼稚園の庭のサクランボ、ポケットにいっぱい！

ます。ミズアオイの葉の間にクモが巣を張り出しました。メダカの赤ちゃんもたくさん生まれ泳いでいます。ヌマエビ，マツモムシもいつの間にか棲むようになりました。ヤゴは，数年来近くの小学校のプールから救出してきたものが世代交代して生息しています。小学校の先生がやってきてヤゴの種類を教えてくださいました。アメリカザリガニが水面から顔を出したときは驚きました。いったいどこからやってきたのでしょうね。

　人の手で作った自然ではありますが，たくさんの生き物がやってくるようになったのには本当に感動しました。河津サクラが2月に咲き始めると，メジロが花の蜜を飲みにやってきます。3月にサクランボの花が咲くと，ミツバチの大群が花に群がってきました。春一番が吹く頃，たくさんのヒキガエルがボーッと鳴きながら産卵に現われます。4月，たくさんの草花や大量のオタマジャクシが，新入園児を笑顔にしてくれます。その生き物たちは子ども達にとってどれほど重要な存在であることか，計り知れません。

　春の園庭は活動を始めた植物や小さな生き物でいっぱいです。それらは無心な子どもの心を躍らせ，知的好奇心，探究心を刺激します。どんなおもちゃ，人工的な教材もそれらにかなうものはないでしょう。今日も草むらで，畑で，花壇で子ども達が神秘さや不思議さに目を見張る感性「センス・オブ・ワンダー」を磨いています。

❹ 子どもは季節の変化を体験的に知っている

　花壇の雑草を抜いていると，年長組のB子がやってきて「クローバー抜いちゃダメ！」年長組ではウサギに食べさせるため，あちこちに種を蒔いて育てているのでB子はクローバーを身近に感じていること，葉の形を認識し始めていることに感心しました。そこで私は，抜いたカタバミ草を掴んで，B子とクローバーの草むらに行き両者を比べて見せました。B子は「あっ，クローバーにはハートの模様がある！」といって両者の違いを理解したようでした。幼児が葉の形（特にクローバーとカタバミは判別が難しい）を理解するのは至難の業と思われますが，かかわった植物は特別なようです。

　同じように，カイコに食べさせるために園庭の桑の葉を毎日採った経験をした年長組の子どもは園外を歩いていても桑の木を識別することができるのです。

　子ども達が四季の変化をただ見ているだけでなく体中の感覚を使って直接体験できるように，園庭には広葉樹や花や実がなる樹木や草花をこれからもたくさん植えていこうと思っています。

　4月，ニューフェイス達が園庭を駆け回っています。「センセイ，雨が降ってきたよ！」見るとケヤキの木が小さな花がらを子ども達の帽子，顔，洋服に降らせています。また，白樺の花が落ちているのを見て，「毛虫がいた！」「ヘビだぞう〜！」と脅かしっこをしています。　花壇に一番先に咲くノースポール，ビオラを「センセイ，お花とっていい？」「たくさん咲いているお花はとってもいいですよ。でも少ししか咲いていないお花はみんなで見たいから採らないでね。それからお花や木の実を採る時はあなたの命を戴きます，と思ってから採ってね。」新入園児の中には片っ端から花や実を付け始めたばかりの木の実や栽培物を採ってしまったりすることも少なくありません。花摘みや栽培の経験が少ないか，または，まったくなかったので

写7　保育参加の日 ― パパとアンズとったよ

しょうから無理もありません。ゆっくり覚えていってもらいましょう。

　サクランボ，アンズ，ビワ，クワの実が次々に実ると，子ども達は木に登ったり，採ってもらって味わいます。チェリーセージの花を口に含むと甘い味がします。私は子どもの頃ツツジの花でやっていました。

　しかし，私たちは2011年の東日本大震災以来，放射能を意識して生活しなければならなくなりました。園庭の果物については，専門家に聞いたり放射線量を調べ安心して口に入れられるようにしています。ただほんの少量の野菜などを調理したり果実を食べさせる時は，よく洗う，湯がくなどの処理を行い保護者の不安に対応してきました。

5　畑のお助けマン

　園児たちが育てている野菜は，子ども達がきめ細かく見守っているのと，野菜作りの大切なポイントをいつも「栽培の達人」の皆さん（園児の祖父母）に教えて頂いているので順調に育ちます。初代は芝辻さんと延命さん。子ども達は「芝ちゃん」「延命ちゃん」と呼びお二人を大変尊敬している様子。いつも「野菜作りは土づくりが肝心ですよ」と大切なことを的確に教えて頂き，本当にそうだなと納得しています。野菜作りも人育ても同じで見えない部分が大切なんですね。孫と野菜作りを愛するお二人に職員もたくさん刺激をいただいて「命の根っこ」も太く育てる保育を目指しています。

写8　延命さんと田植えをする

写9　芝辻さんにジャガイモの育て方を教えていただく

❻ 七夕に向けて
―日本古来の伝統行事と植物

　5月になると，園庭の隅に筍が伸びてきます。毎年のように早速，新入園児が見つけて引っ張って抜こうとするので「これは竹の赤ちゃんなの。7月の七夕のお祭りでこの竹を使うから取らないでね」と伝えます。「うん，わかった」お陰さまで今年も若竹がたくさん伸びてくれました。この竹は，隣の敷地から根が伸びていつの間にか生い茂ったものですが，ありがたく利用させていただき笹竹の調達が園内でできる幸せを感じております。

　七夕の行事は，日本で大切に伝承されている五節句の一つです。奈良時代に中国から伝わった夜空で牽牛と織女が出会う伝説と，日本の神事で着物を織る女性の上達を願う催し等が合わさってできた日本人が大好きなロマンチックなお祭りです。

　幼稚園では，毎年7月7日が近づくと七夕のお話を聞かせたり「七夕さん」,「たんじ」などのわらべ歌で遊んだり願い事を短冊に書いたり描いたものを竹に飾ってお祭りをします。

　この素晴らしい行事をぜひご家庭でも体験してもらおうと「幼稚園の竹をどうぞお使いください。幼稚園では7月○日の朝にクラスの竹を切りますので，その後でしたら，いつでも構いません。」とお知らせしハサミを用意します。するとかなりたくさんの方が送り迎えの際に思い思いに枝を持ち帰って行かれます。

❼ 植物とのかかわりの素晴らしさを保護者に伝える

　ぷちファームは140坪あまりの広さがあるので子ども達だけではなく保護者にも手伝ってもらおうと，ガーデニング・クラブと称して月一回ほど有志に集まっていただき活動を行っています。

　日頃私たちが作業できずに時期を逃してしまったりしていたことをお母さん達に協力していただくようになってから園庭の自然環境がさらに豊かになりました。

　定期的に集まって作業するこのガーデニング・クラブは，他の役員活動と比べて，とりわけお母さん達の時間を多く必要としますが，驚いたことに大人気でお母さん達はとても楽しそうに毎回参加して下さいます。赤ん坊を背負って汗だくで草むしりをしているAさんに「大変でしょう？」と声を掛けると「土に触っている時間がとても楽しいんです！」と笑って答えてくれました。ほとんどが集合住宅に暮らすお母さん達にとって土や植物とかかわる園庭での時間は日常経験できない特別なものであるのかもしれません。

　ベニシア・スタンレー・スミスが著書の中で，「庭仕事をしていると心が鎮まる」と述べていますがお母さん達にも土や植物に触れることで同じように心洗われる瞬間があるのでは，と感じます。（参考文献③）

写10　笹飾り ― お願いごと叶いますように

作業が終わったら毎回，庭に生えているミントやレモングラス，レモンバームなどを摘んでお茶を飲むことを勧めています。また子ども達が育てた野菜を調理してもらったり，野草や葉っぱのてんぷら料理，焼き芋，ピザ作り等，火を熾すことも含めてやっていただいています。

春から夏にかけてのガーデニング係のお母さんの活動を紹介しましょう。

① 畑の土起こし
② 植木の剪定
③ 草むしり
④ 苗の移植
⑤ 殺菌剤の散布
⑥ 種まき，球根の植え付け
⑦ 挿し木
⑧ 園内の植物の名前を覚える
⑨ 子ども達が収穫した栽培物や植物を調理し，一緒に味わう
⑩ グリーンカーテン作り等々
⑪ 押し花

収穫物の調理は，特に子ども達から目が離せない１学期は，保育者だけでは間に合わないところを補ってくれる重要な活動でとてもありがたく思います。

さらに芽吹いたばかりの柔らかい野草や柿や紅葉などの新芽を摘んで天ぷらにしたり，菜の花を摘んでお味噌汁にすると野趣(やしゅ)あふれる美味しさで子ども達にも，お母さん達にも珍しい食材に驚きを持って舌鼓を打つ姿が毎年見られます。

私が生まれ育った地域では，つい最近まで冠婚葬祭があると隣組の主婦達が集まってワイワイ言いながら料理を作り大勢の客をもてなす習慣がありました。日頃は忙しくして会うことができないご近所の嫁達の交流の場になっていました。

それは日常を忘れとても楽しいひと時で

写11　クワの実採り ─ 葉はカイコが，実は子ども達が食べる

写12　ガーデニング係のお母さん達が収穫物を調理 ── この日はクワの葉の天ぷら

あったことをガーデニング・クラブのお母さん達の様子を見て思い出しました。

　参加されたお母さん達が楽しんで活動していることは他のお母さん達にも伝わり，役員以外のお母さんも，「ボランティアにきました！」と言って集まるようになりました。たまに卒園したお母さんも加わります。

　そのお母さん達に私が毎年お願いしていることがあります。必要以上に母親が存在をアピールをすると子どもは甘えて離れなくなります。

　1学期の新入園児の場合は特にそうなりがちです。するとお母さんは子どもに纏わりつかれ活動ができなくなります。そこで母親が何のために幼稚園にきているのかを理解できるように，さり気無く作業を続けてください，

写13　子ども達が育てたミニトマト，バジルを使ってピザを焼きました

写14　夏休みの一日 ── 幼稚園に親子でミニトマト，オクラ，きゅうり等を収穫にきました。お家でおいしく食べてくださいね。

と伝えます。お母さんがそのスタンスを保って作業していると，ほとんどの子どもは納得して自分の遊びの世界に戻っていきます。園内に子ども，保育者以外に人の気配があること，いろいろな世代の人間が子どもの周りにいて何か手を動かしていて，子どもは無意識にそれを見る，そういう環境は本当に自然で，子どもの心の育ちを促すとても大切な要素の一つであると思います。

幼稚園は夏休みに入ってもぷちファームでは夏野菜のトマト，茄子，きゅうり，トウモロコシ，オクラ等，たくさん収穫が続きます。職員も最近は2学期に収穫ができるように種まきや苗植えの時期を工夫するようになりました。

どうしても休み中にたくさん採れてしまいそうな時は保護者に声を掛け親子で収穫にきてもらいます。同時に草むしりや，収穫が終わった畑の片づけなども保育者と共に作業をしていただきます。久しぶりに顔を合わせた園児達も嬉しそうに顔を輝かせています。

8　どんぐり，柿の実

年少組がどんぐりがいっぱいの「いこいの森」へ遠足に行きました。ナラ，マテバシイ，カシワなどの木の下は，拾っても拾ってもまだまだいっぱいで持ってきたバケツはどのクラスもいっぱいになりました。集めたどんぐりで早速遊び始めます。そこへ年配のご婦人達が通りかかりお店屋さんごっこを始めた子ども達が「どんぐりはいかがですか？」「まあ！可愛いわね，一つください」と遊びに参加して下さいました。優しいお客様も有難かったけれど，わが園の子どもらしいなあ……とつくづく思いました。

園庭の一角にある一本の柿の木（早稲次郎）は，30年前に私の生家の畑から移殖したもので日本の秋の味覚を味わえる代表的な果物の一つです。

生家には柿の木がたくさんあり，子ども時代は学校から帰ると長棹を使って実をもぎ，毎日頬張った記憶があります。叔父は木に登り枝が折れ落ちて大けがをしたことがあったようで，柿の枝は折れやすいから登ってはいけないことを教えられて育ちました。園庭に移植してしばらくは，あまり実がなりませんでしたが10年目くらいから1年おきに良く実るようになり，園児達には三脚に上ったり，近くの屋根にはしごをかけて登らせたりして自分で採って食べるという経験をさせています。

写15　どんぐりから芽がでてるよ

写16　屋根やはしごに登って柿の実とり

第1章　幼児の造形表現の意義

❾　冬の自然と子ども

きりっとした冷気で目が覚める冬の朝，園庭に立ちますと，朝陽が出ない曇りの日でもなんだか明るいなあ，と感じます。理由は明らかで，葉を落としたケヤキや，サクラ，ウメ，クワ，アンズなどが枝をあらわにして日差しを地面に落としてくれています。

広葉樹は冬になると厳しい冬に備えて，エネルギー消費を抑えるために，葉を落とします。冬の日差しは温かく室内まで差し込んでくれます。日向ぼっこ，陽だまり，という美しい言葉は，この季節のためにあるんですね。

私たちも年の瀬には，広葉樹を見習い一年過ごしてきた垢や汚れを拭い取り，心残りの無いように新しい年を迎えたいものです。

冬の時期，動植物の動きはほとんど見られませんがよく見ると裸の枝には新芽が見られますし，畑のダイコン，菜の花，春菊，麦等は寒さの中踏ん張って根や葉を伸ばしています。野菜たちは，糖度をあげて寒さに対抗しているそうです。彼らも春を待っているのですね。

私たち人間は冬の間に何ができるのでしょうか。

①　寒さの中でこそ楽しめるものを探す
②　冬の自然を生かした遊び
③　今までの経験を生かした総合的な活動

などいろいろありそうです。寒いからといって縮み込まずに，今できることをわくわくしながらしっかりやっていきましょう。

暮れからお正月にかけて幾度か氷点下になった日があり，そのせいか畑のダイコンや菜の花の葉が，霜枯れています。こんな状態は珍しいです。

たぶん秋に気温が高かったので育ちすぎた（平和ボケ？）ところへ寒波にやられたので

写17　冬柿の実を啄むメジロ

下からは子ども達が，空の上からは鳥たちが競って柿の実をつつく様子が毎年秋の風物詩となっています。まだ熟し切れない実を頬張った子どもは，「苦い！」と顔をゆがめます。「それは渋いというのよ」子どもが「渋い」という言葉と意味を体験的に理解する希少な機会となっています。

晩秋になり，葉が落ちて枝に数個残った柿の実は秋の空に映えてそれは美しいです。「あの柿の実食べたい」と子ども達が必ず言ってきますが「あの柿の実はね，だんだん寒くなって食べ物がなくなってくる鳥さんのために残してあげましょう。」と説明するのも毎年のことです。冬にメジロがやってきて啄むのをよく子ども達と目撃しています。

写18　木の実を使ってお料理をつくろう

写19 丸い氷だよ ― 前の日にたらいに水を張っておく

写20 雪の日に ― この地域では，雪は空からの貴重なプレゼントです

しょう。このことは私たちの暮らしにも当てはまるかもしれません。

ここ10年ほど，小学校現場から子どもの体が硬い，動きがぎこちない，疲れやすい，転んで永久歯を折る等が増え，深刻化しているという報告があります。

さらに幼児期の運動遊びの大切さも指摘されています。現代の便利な生活は，皮肉にも子どもから体を使う機会を奪っているのでしょうね。

もしそのまま運動不足の状態で成長してしまうと確実に健康被害が拡大するそうです。懇談会やクラス便りでもお知らせしておりますが，運動神経は4歳～10歳が一番発達し，その時期の運動を楽しみながら継続して行ったかどうかが問われています。ところが，幼児期はトレーニングではなく遊びでなければ継続して取り組めないのです。3学期は寒くても子ども達が面白い，と感じる運動遊びを自主的に繰り返せるような機会を作り援助していきたいと思います。

池に氷が張ったり霜柱が立ったりと寒い冬です。でも冬は寒くて良いのです。次の季節を待つ楽しみが増えますものね。冬の季節をしっかり過ごす，寒風に当り運動して体を温める，よく眠り，この時期に合った食事をとる等，大人も子どもも冬を積極的に生き抜きましょう。

自然界も一見変化がないように見えますが，よく見ると実に様々な前向きな冬越しの姿に気づきます。それを子ども達と探していくのも楽しい遊びになります。

10 命の根っこを張るために

幼児期の教育を考えたとき，学校教育に代表される，体系的に整理された教え込む知識と家庭を中心に大人が教える，生きていくための知識があります。

現代の子ども達は，前者に偏って教育されているように思います。

後者の教育は，何を食べたらいいのか，こういう時は逃げるべきか等，ヒトとしての能力を培い，そのあと社会性を身に付けさせます。生きる力の基本がまず大切だからです。

一方早くから字を教え込まれたり受け身を強いる教育の弊害が今大きく明るみに出ています。今，日本に百万人の若者が引きこもっているそうです。日本だけこんなに多いのです。この数の多さをどう考えたらいいのでしょう。いろいろ原因があるでしょうが私は幼児期に愛されている実感，生まれてきてよかった，大好きな人が近くにたくさんいる，

第 1 章　幼児の造形表現の意義　　21

こんな遊びが大好き，不味くても我慢して食べてみよう，外で遊ぶのが好き，虫や動物が大好き，楽しいことがいっぱいあるなどを感じて生活していれば，生きる力が自然に育ち，自尊感情も育ち，引きこもりを防ぐ一因になるのでは，と思います。

　寒いこの時期，花壇の煉瓦を何度直しても外してしまう子どもがいるんです。

　きっと虫を探しているんでしょう。

　年長組では，泥団子の研究が進んでおり驚くほど小さいものに挑戦したり，立方体の団子を作る子どもが現れました。「どうしてこうなるんだろう？」「こうやったらどうなるかな？」わが園の子ども達は実に能動的だと思います。自然の中で過ごすと，不思議なことに目を見張る感性「センス・オブ・ワンダー」

写 21　渾身の出来映えです！

が育っていくと思います。そういう子どもは，大きくなって大きな壁にぶつかったときでも自分を信じ，仲間を信じ，問題解決へと歩む力を発揮します。私はそれを信じています。

2　遊びと労働

❶　芭蕉の林

　園庭の一角に芭蕉（草芭蕉）の林があります。年長組の大のお気に入りの場所で，子ども達はバナナの木と呼び夏の時期にトロピカルな日陰を提供してくれています。男の子数人が，この林に秘密基地を作りたいと幹にロープを張り布をかけ，入り口や窓を作り遊んでいました。その横では，別の年長組達が割竹を引っ掛け葉っぱをそうめんに見立てて葉っぱ流しに興じています。秋になると基地の中に穴を掘り，枝や葉っぱを被せ「落とし穴」へと変化していきました。

　芭蕉は木ではなく竹と同じ草の仲間で，枯れる直前に大きな花を付けます。花の蜜はほんのり甘く，子ども達がミツバチの様に吸っています。冬になり寒さで醜く立ち枯れた太

写 22　芭蕉の林で遊ぶ

写 23　畑作りの前に腐葉土を運ぶ

い幹を剪定していると，見ていた子ども達が早速切った幹を並べて基地づくりを始めました。

切り株に穴をあけ，枝を差し込み「花瓶」。一年中あるものを使って次から次へと見事に遊びを作り出す子ども達に感心してしまいます。

❷ 雪のあとに

1月中旬の事です。夜半より東京にも久しぶりにまとまった雪が降り，雨に変わったにもかかわらず園庭やぷちファームには多くの雪が子ども達のために残され，いつもと違う遊びが展開されていました。雪だるまを始め，滑り台，雪だるまに絵具で飾る等々。

しかし2日後にお餅つき会を控え，ぐちゃぐちゃになった園庭を見て困ったなと思いました。「室内でやりましょうか」と職員からの意見も出ましたが，水はけはそう悪くない園庭ですからこのピンチを子ども達と乗り越えるまたとないチャンスにしました。

年長組に「お餅つきの準備をするから手伝って」と伝えますと，子ども達は「わかった！」と早速シャベルや箒を手に，雪のオブジェを壊したり，溜まった大量のシャーベット状の水を流す作業が始まり，それを見ていた年中，年少組も自然に作業に加わってきたのはいつもの通りです。人間は，楽しいことができる場所を敏感にキャッチする能力がありますから。

年長組の子ども達が溝を掘り，排水溝に流す作業は，いつしか大勢の子どもによる見事な連携プレイになり，排水がより加速されました。

水深17〜8cmはあった雪解け水は，お餅つき会当日子ども達のお陰でなくなり，園庭は見事に元の状態に戻ったのです！

子ども達に，お礼かたがた「どうだった？」と聞いてみたところ，

- 雪を運ぶ時，台車が動かなくて大変だった。
- お庭が直って良かった。
- お餅つき会が楽しかったのでやって良かった。
- 川を作ったので水がよく流れた。

このような答えが返ってきました。大変だったと言った子ども達も，やり遂げた達成感を味わったようでした。

大雪が降った小学校の校庭をどうしているのか，近隣の数人の校長先生にお聞きしたところ，「校庭がぐちゃぐちゃになり後使えなくなってしまうので……」大雪が降っても校庭では遊ばせないところが多いことが分かりました。

東京の子ども達にとっては雪なんてそれこそ滅多にお目にかかれない貴重な空からの贈り物なのに，勿体ないな……と私は思います。いっぱい遊んだあとに子どもが片付けをするのは，いつものこと。子ども達の満足しきった顔を見れば，自分の行動が生活の一翼を担い役に立つという経験が，自尊感情を高め仲間との結びつきもより強くすることは明らか

写24　雪おいしい

です。こんな楽しい遊びは，滅多にお目にかかれません。

私は，子ども時代の遊びと労働は，表裏一体となり人間として成長させ生活をより豊かなものにすると確信しています。

3　寒さに負けずに

3学期は，寒さに負けず体を動かして遊んでもらおうと，普段遊びに使っている鍋やフライパンなどのお料理道具一切をしまい，様子を見ておりました。

すると，日頃好んで使っていた子ども達が「鍋ないの？」と聞きにきて，理由が分かると，池の氷をかき回したり，ぷちファームへ散策，鬼ごっこやボール，縄跳び等自然に体を使って遊ぶ姿が見られました。池に張った氷や畑の霜柱を大切そうにハンカチに包み持ち歩く子も。しばらくして氷がなくなっているのを不思議そうに見ています。

年長組の子ども達がぷちファームで，カマキリの卵に傘を差し掛けています。何でも「カマキリの卵は雨に濡れたらだめなんだ」そうです。1学期にも畑で育てているトウモロコシをカラスから守ろうとした子ども達が，同時にカラスがお腹が空かないか心配し，餌を置いていました。テントウムシを見つけて部屋に遊び場を作ったりと，自然界の仲間を慈しむ温かい心がどんどん育っています。それは「自然の中で仲間と創造的に育つ」保育の結晶であり，職員集団の努力の結果でありましょう。室内ではカラーや透明のセロファンに絵を描き窓ガラスに貼り付けて影が映る様子を楽しむ遊びは，太陽の光が室内に差し込むこの時期ならではの遊びです。空気が乾燥し，感染が広がる冬の季節も，日本の自然は子ども達にたくさんの恵みを与えてくれます。みんなで冬の自然を楽しみましょう。

4　地面再生プロジェクト！
― 子ども達と一緒に環境を創る

1　道路工事，浅間山づくり

再び春，私が芭蕉の林近くの地面のコンクリートを剥がし芝の種を蒔いていたら「何してるの？」，「おれもやりたい」と子ども達が次々にやってきました。私が重い鉄のハンマーをコンクリートに落とすと罅（ひび）が入ります。隙間に子ども達が鉄シャベルを差し込み剥がして大人用の一輪車に放り込みます。一輪車がいっぱいになるとグランドへ運び出します。年長組にもなると重いコンクリート片は一輪車の真ん中に置かないとバランスが取れずうまく運べないこと，数キロもあるコンクリート片を持ち上げる体力，鉄シャベルや一輪車を扱うテクニック等は相当なものがあります。これは真に幼稚園での遊びと労働の経験の賜です。

道具を上手に操る彼らに集まってきた年中，年少組を始めみんなの賞賛の視線が集まります。私もすっかり楽しくなって予定の範囲を大幅に広げました。

この場所は，10年間ほどプールが置かれていたためコンクリートで固められています。その後プールは別の場所に移したので元

写25　コンクリートを叩き割る年長児

の土の状態に戻そうと，数年前から歴代の年長組有志達が，コンクリートを剥がしさらにその瓦礫を積んで「あおいの浅間山（府中に唯一ある丘）」作りと，土木作業が受け継がれてきました。この時，剥がしたコンクリートの下からおびただしい蝉の幼虫の死がいが出てきたのには驚きました。「（コンクリートが）固くて出てこれなかったんだ……」と大量の幼虫を見た子ども達の顔が雲りました。

　土の中で何年も過ごしていて，いざ蝉になろうと上がってきたらコンクリートに阻まれ，地表に出ることができなかった幼虫の無念な気持ちを子ども達も感じたのだと思います。この後，さらに工事参加者が増え，作業はますます盛り上がったのでした。

　やがて夏になりコンクリートが除かれた地面には，羽化していった蝉が開けたたくさんの穴が開いていました。「コンクリート剥がして良かった！」と満足そうな子ども達。そして佃煮ができるほど集まった抜け殻と，木の上の大合唱は蝉たちから贈られた子ども達への感謝の気持ちではないでしょうか。

　次の年の春にも，コンクリート剥がしプロジェクトは続けられ，子ども達が自主的に手伝いを買って出てくれました。

　こういう時私が大切にしていることは，子ども達に決して「手伝ってほしい」と言いません。特に楽しそうな様子をするわけでもなく（実はとても楽しいのですが…）庭の隅で黙々と作業をしているだけなのです。「センセイ，何してるの？」ほらきた！「お花が咲く道路にしようと思って」「おれも手伝うよ」今年は年長組のTとSが最初に名乗り出ました。彼らはいつも何か面白いことを探し園内を探索している男の子達です。今回は年長組が持っているトンカチを使ってコンクリートを叩き割ることにしました。今回の年長組も実に協力的，しかも今年は女の子も大勢参加

写26　コンクリートを剥がした後の地面から出てきたセミの幼虫

写27　セミの抜け殻集めたよ

写28　もうすこしだ ― 大人用の道具を使う喜び

第 1 章　幼児の造形表現の意義　　25

してくれました。

　土の上を歩く感触の素晴らしさを味わうためだったら，これくらいの重労働をする価値は十分にあります。大人が清潔さ快適さを優先させた結果，子ども達から土を踏んで遊ぶ機会をほとんど奪ってしまいましたのでこの作業は子ども達への贖罪の意味もあります。

　大人が一人で始めた土木工事は，最後にはたくさんの子ども達が自主的に様々な道具を使って力を出し合ったダイナミックな遊びへと発展しました。年中組や年少組も自分達ができることをやっていました。遊びと労働は紙一重です。子どもの労働は自分の意思で行う限りこの上なく楽しい遊びになります。

　完成した道は子ども達で踏み固め気持ちの良い場所になりました。自分たちが手を加えたことで，生活する場がより身近で，より大切な場所になっていくといいなと願って年長全員でカルピスで祝杯を挙げました。

2　ぷちファームづくり

　2005年，幼稚園創立50周年を記念に隣接している工場の駐車場の跡地120坪の土地を購入しました。コンクリートを剥がし畑に作り替え，子ども達がワクワク楽しめる場所にしようと，春休み中から職員全員で土をふるい，石を取り除き，肥料を施し，あぜ道を整えるなどの作業を続けました。でもいくら掘ってもガレキや大小の小石がゴロゴロ出てくるのです。

　新学期がスタートしてからは，年長組達も鉄シャベルで掘り起し畑作りに加わり，次第にふかふかの土に変わっていきました。穴を掘り，石拾いを終えた子ども達の手のひらやポケット，帽子の中には，ミミズ，コガネムシの幼虫，茶わんやタイルのかけら等が大切にしまわれています。白い磁器を見つけた子どもが「恐竜の骨かな？」「いいな，オレも探そう」子どもにとって土の中は，まさにア

写29　ぷちファームにて石ひろい ── 工場跡の土の中から石やガレキがまだまだでてくる

写30 ガレキを運ぶのは，男の子ばかりではありません

メージング・ワールドです。体中泥だらけになりますが，こんな楽しい遊びに子どもを参加させない手はありません。

　赤土，粘土，石ころが主成分の工場跡地を，植物が喜ぶ環境へ変える作業は毎日続きます。あちこちを掘り返すモグラのような年長組の男の子，ロープを張り，道づくりが始まると今度は年長組の女の子たちが積極的に加わると，次第に男の子はどこかに行ってしまいました。きっと自由度が減ったので興味が薄れたのでしょう。最初遠くから見ていた女の子達が合流すると男の子達は「後は頼んだよ」，とでもいうように場を明け渡していました。掘るたびに出てくる石ころを女の子たちは道の幅に上手に並べていきます。

年中組もタライに何杯も石ころを拾ってくれたり，年少組は大根を狭いプランターからできたばかりの畑にお引越しをしたとき小さな手でいくつも石をどけていました。

　園庭の落ち葉のプールや給食の生ごみもぶち込んで良い畑を目指します。大切にしていることは，大人と子どもが一緒になって手と心を使っていくプロセスです。大人が楽しんで働いている姿を見て，子どもが何かを感じ，真似をしたりできることをしようとする事，そんな場を作ることです。

　さらに，子ども達自身が考えて遊ぶ場に大人が見守り必要な時だけ手や口を出させてもらう，そんなあり方が望ましいと思います。黒土も運び込まれ，なかなか良い感じの畑花壇が少しでき上がったところで2学期が終わりました。

5 ビオトープ池ができた！

　雨上がりの園庭。トンボが水たまりに何度もしっぽをつけています。子ども達が水に顔をつけんばかりに覗いて「卵だ！」すぐに干上がってしまう水たまりではかわいそう！本物の池に産んでもらえたら……と2002年の初冬に子ども達と花壇を潰して池を掘りました。掘った土で池の奥に「築山」を作り，樹

写31 土から出てきた大量のミミズ―畑を耕す活動は，虫を捜す子ども達の大好きな遊びです。子ども達は畑の土の中にミミズやハサミムシがたくさんいることを知っています

写32 3月・お母さん達による池の改修工事を終えて ― この一週間後に東日本大震災が起きましたが池は無事でした

木や山野草も植えました。年長組の子ども達が土を掘りやすいように大人用鉄シャベルを購入し，土を運ぶ一輪車も大人用です。年長組は道具を手に入れ，ますます張り切って穴を掘り土を運ぶ毎日が続きました。待ちに待った水を入れ，喜んだ子ども達でしたが，冬の間の水は濁った汚い色をしていました。

春になり，池にガマ，サワギキョウ，ミズアオイ，セリ等の水生植物を沈ませた途端に劇的に水が澄んできました。循環装置もないのに本当に驚きました。

たまたま近くの小学校の校長先生がひょっこり幼稚園に遊びにこられ，そのことをお聞きしたら，植物の根っこについているバクテリアの力が水の腐敗を防いでくれているのですよ，と教えて下さいました。この池ができたことで，幼稚園の生態系が格段に豊かになったことは言うまでもありません。

あおい第一幼稚園の池の周りに住んでいる生き物ベスト10を紹介します。

10位　メダカ，キンギョ
　　（彼らは永遠にわが池の主人公です）
9位　蜘蛛
　　（水を求めて集まる虫を巣を張って捕まえます）
8位　ザリガニ
　　（なぜか池に出現していたのを最近確認！）
7位　アメンボ
　　（飛来してきたらしい）
6位　ヤゴ
　　（小学校のプールから救出したのと，トンボが飛来し産卵したものと両方）
5位　トンボ
　　（ガマの茎に留まって羽化したのを見たときの感動は忘れられません）
4位　カメ
　　（冬の間保育室にいるカメたちを夏に池に放すと嬉しそうに泳いでいる）
3位　サギ
　　（多摩川か，野川から飛んできて鯉とキンギョを食べてしまった！屋根にとまって様子を見ている姿は圧巻！）
2位　ヒキガエル
　　（一年中園庭のどこかに隠れていて，3月中旬になると大挙して池に集まりメスを巡って争奪戦が1週間ほど続き卵を残して去る）
1位　オタマジャクシ
　　（新学期に涙顔の新入園児たちを笑顔に変えてくれる立役者。6月になると，手足が出て草むらに消えていく）

特筆すべきは，これらの生き物は，池がで

写33　池から出てきたヤゴの兄弟

写34　春の池でオタマジャクシ採り

写35 ごとうべえ（ヒキガエルのこと）の卵
— 感触を味わわせたくて触らせてもらいます

きる前はいずれも，お目にかかれなかったものばかりなのだということです！

6　水たまり

12月のある日，まとまった雨が降り，園庭に大きな水たまりができました。午前中に雨が上がり，園庭に飛び出した子ども達は次々に長靴で池に突進し，水の圧力を足で感じながら水たまりの中を歩きだしました。

長靴に水が入るのは時間の問題です。最後は裸足になり，長靴をバケツ代わりにして水を集める子も！「あーあ，長靴はなかなか乾かないのになあ～」と嘆くお母さんの顔が目に浮かびます。子どもはどうして水遊びが好きなのでしょう。水たまりで遊ぶ子ども達を見ていると，自身の子ども時代を思い出しました。

子ども時代，多摩地区にはたくさんの水場がありました。生家を始め近所の家庭には大抵池や井戸がありましたし，夏には多摩川や乞田川で泳ぎました。その他，田んぼの用水等，子ども達は多くを水場で過ごしました。水場では大抵生き物と出会うことができました。水のある場所は，子どもにとって楽しいものです。

池に落ちたり，水を掛け合って服をびしょ濡れにしたことも含め，水場での心躍る遊びの思い出はいまだに鮮明です。

市会議員E氏に，「水と緑の府中というキャッチフレーズは，今の府中，特に晴見町には当てはまらないですね，子どもの育ちには水場の存在が必要ですよ」と話したところ，彼は水問題に興味をお持ちで，昨年も北府中公園の水はけ改良工事を手掛けられたり，暗渠化されてしまった府中用水や，湧水の流れも日新町付近の流れから復元を始めたと，教えてくれました。子どもの育つ環境を豊かにすることをこれからも考えてくださるとのこと，期待できそうです。

国策により，夏も冬も長時間幼児や児童を預かり，待機児童の解消を考えることも大切ですが，同時に50年後の脳裏に残る心躍る日常の遊び場の環境を子どもに保証して，豊かな人間に育ってもらいたいと思います。

彼らは日本の超高齢化社会を支える頼もしく心優しい社会人の卵なのです。

保護者のお便りには「水遊びで汚れた長靴は，ぜひ子どもに洗わせましょう。きっと喜んで洗うと思いますよ」と書き加えました。

写36　雨上がり — 園庭に出現した水たまりを子ども達は見逃しません

●参考文献
① 曳地トシ・曳地義治『雑草と楽しむ庭づくり』2014
② R. カーソン『センス・オブ・ワンダー』1996
③ B. スタンレー・スミス『猫のしっぽ，カエルの手』2011

第2章 幼児と生き物

1 様々な生き物とかかわる子ども達
── あおい第一幼稚園の場合

住宅事情，環境の変化，家族構成等の変化により日本の幼児がいる家庭では小動物を飼っている例は少なくなっているようです。

生き物の中でも哺乳類，両生類などの小動物は，寿命が比較的長く，触れたり，抱き上げたりすることを始め，人間とコミュニケーションが取りやすいという利点があります。

写37 夏みかんの下にいたはらぺこあおむし

	種類	飼育場所	飼育方法	関わり方
3歳児	カメ	春〜秋 　──戸外園庭の池 冬〜春 　──室内クラスの水槽	担任と餌をやる 担任が掃除をするのを見る	①室内に放し，ごっこ遊びの仲間に入れる ②園庭に放し，後をついていく ③亀釣り
	陸ガメ	クラスの水槽 冬季 　──ヒーターをつける	3歳児が担任と餌をやる 担任が掃除をするのを見る	
4歳児	ウサギ	春，秋 　──戸外ウサギ小屋 夏──暑さ対策で室内 冬──寒さ対策で室内	①当番と担任が掃除，餌やり ②毎日，室内に連れて行き一緒に過ごす ③当番が餌用に家庭から野菜くずやパンを持ち寄る，好む野菜を栽培する	①毎日，小屋からサークルに出し，触れあう ②ウサギが好きなものは何か考える ③年少組の子どもに抱っこの仕方を教える
5歳児	①モルモット	春，秋 　──戸外モルモット小屋 夏──暑さ対策で室内 冬──寒さ対策で室内	①当番と担任が掃除，餌やり ②毎日，室内に連れて行き一緒に過ごす ③当番が餌を家庭から野菜くずやパンを持ち寄る，好む野菜を栽培する	①ケージから自由にだし触れ合う ②モルモットにとって嬉しいことは何か考える
	②カイコ	春〜夏のみ 　──室内保育室 冬──卵を冷蔵庫にて保管	①当番と担任が毎日掃除し，桑の葉を園庭から取って洗い，汚れや虫を取除く ②蚕が繭を作る頃，蚕マンションに移す	①ケージから自由に出し，蚕に触れて感触を味わう ②成長の様子を毎日調べ伝えあう ③繭から糸を採る

表2-1 あおい第一幼稚園における飼育環境，方法，関わり方

私の園では小動物の飼育体験が子どもの心の育ちに重要である，と考え家庭に代わって以前から様々な小動物の飼育活動を行ってきました。

　この章では，あおい第一幼稚園で継続的に行っている動物飼育の方法やかかわり方，具体的事例を紹介します。

❶　カメと3歳児

　幼稚園では，3歳児のクラスにカメが飼育されています。3歳児の発達段階において最適な生き物の一つであると考えています。

　理由として……第一に，3歳児達の中には，まだ生き物を適切に扱うことができない子どもがいます。その点，カメは丈夫な体と固い甲羅を持ち，気まぐれな3歳児の探求心から自身を守ることができる生き物の代表です。

　好奇心いっぱいな子ども達から目を放してはならないことは当然です。彼らは，しばしば力任せに持ちあげたり，カメが動くと驚いて手を放して落としてしまったり子ども同志奪い合ったりしてしまうこともあります。

　その都度保育者が「カメさん高いところは怖いからびっくりしたよ？だから持ち上げるのはやめようね」とカメの気持ちを代弁しています。すると1学期が終わる頃には3歳児達も扱いが上手くできるようになってきます。

　まだ自分のことで精いっぱいの3歳児達にとってカメは彼らのエネルギーを受け止めてくれるありがたい存在だと思います。

　第二に，カメは雑食性で比較的何でもよく食べるため3歳児達が餌をあげやすいのです。餌に近付き大きく口を開け，ガバッとダイナミックに餌をくわえて食べる姿は子ども達をとても喜ばせます。怖がっている子もそのうち「僕も餌をやりたい！」「私も！」と餌を手にもらうと，カメの口のそばに持っていけるようになります。「手をご飯と思っちゃうから離れたところにおいてね！」保育者は子どもが指を噛まれないように長さのある煮干しなどの餌を用意するようにしています。

　夏から秋にかけて，外の池に放している時は，煮干しやソーセージを池の前で食べさせるのが日課ですがよく食べてくれるので子ども達はとても満足そうにしています。

　第三に，冬の時期以外は活発に動くので同じく活発な3歳児の興味を引きやすいのではと思います。クサガメやアカミミガメは，5月に保育室から池に放し11月まで池で生活

写38　僕たちのクラスのカメだよ！―3歳児は，池で放したカメに会うと，挨拶したり餌をやります

写39　カメさん見いつけた

します。陸ガメは春〜秋は毎日籠に入れて園庭の草むらで過ごし帰る時間になると草むらから探して保育室に園児が運びます。

▶園便りから◀

● カメさん解禁

　6月上旬今年もカメ達を3歳児保育室から園庭の池に放しました。例年の晩秋に室内で冬越しし，翌春池で生まれたオタマジャクシに足が生え，草むらに移動を終えた頃池に戻します。雑食性のカメたちは残ったオタマジャクシをきれいに食べてしまいます！カメの飼育の面白さは何と言ってもこの食べっぷりの良さにあります。

　保育室に半年いたカメ達は外に出されるとしばらくぼんやり周りを眺めた後，池に突進（カメなりにですが……）して子ども達の見守る中，水の中に消えていきます。

　カメたちはみな頂き物で全部で5匹。種類はアカミミガメ，クサガメです。幼稚園にまだ池がなかった頃はトロ舟で飼育していましたが簡単に抜け出しどこかに行ってしまいました。きっと居心地が悪かったのでしょう。池ができ水生植物が茂る環境が気に入ってくれたのか出ていくチャンスはあるのにみんな出ていきません。

　数年前には，別のカメが仲間入りしたこともあり，子ども達にもカメにも大人気の池です。天気の良い日に池の周りに甲羅干しをしている彼らを是非見に来てくださいね。あまり近づくと逃げるのでさりげなく観察してくださいね。カメを可愛がるコツは快適な環境を整え後はしたいようにさせ，その姿を見守ることが一番です。

　先日の夕方，1匹のカメが池を出て自称「浅間山」と呼ばれる丘に登っていきます。「ウサギとカメ」の昔話を思い浮かべてみていると，通りかかった年長組のK君に見つかり池に戻されてしまいました。カメはどこに行きたかったのでしょう。K君には「今度後をついて行ってみたら？」と提案しました。

（2013年6月　抜粋）

写40　春〜秋の時期カメは外で過ごす

▶園便りから◀

● ポン君いなくなる！

　3歳児ちゅうりっぷ2組で飼育している陸ガメのポン君が4月の終わりに行方不明になりました。寒さに弱い陸ガメも冬の間は暖房のある家におりますが暖かい季節は毎日外にだし春の草を食べる様子をみんなで見ています。ある日，ポン君がどこを探しても見当たりません。自分のことで精いっぱいの3歳児も，「ポンくーん！」と毎日探すお手伝いをしてくれました。

　するとある保護者から交番でカメを預かっているらしいという情報が寄せられました。早速確かめたところ府中警察署に送られたことが判りました。

　道路を歩いていたのを通りかかった人が保護して下さったとか。

　保護して下さった方と警察署に，感謝の手紙（ほとんどが絵です）を描き，ポン君を引き取りに行きました。帰ってきたポン君を見た子ども達は「あっポン君がいる！」「ポン君どこに行ってたの！」

新学期早々の出来事で，まだポン君と出会って日が浅い子ども達ですが，それ以来餌をやったり飼育ケースを覗く子どもが増えたようです。事故にも遇わず帰ってきたポン君，一体どんな大冒険をしたのでしょうね。

（2013年9月　抜粋）

写41　帰ってきたポン君

❷　ウサギと4歳児

4歳児はウサギを飼育しています。担任や保護者が協力してみんなでウサギを育てているんだという意識を持つことで4歳児も自然にかかわることができているように思います。保護者には，ウサギに適した食材のリストを渡してあり，当番の当日に残った野菜やパンくずを家庭から提供していただくか，登園する時に草を摘んだりして頂いています。

4歳児になると，園庭や戸外で昆虫探しに夢中になっている子どもを良く見かけます。しかし小さい生き物の世話をすることはまだ難しいので飼育ケースの中で死なせてしまうことが多いようです。それは4歳児が捕まえたり集めたりすることで満足し，その後の世話をする能力がまだ育っていない時期にいるからだと思います。

一方，ウサギは哺乳動物であり，以前から幼稚園にいて，毎年4歳児が飼育しているところを知っていてので，ほとんどの子ども達は餌をあげる経験があるようです。

また，進級時には年長組になる子ども達からウサギの飼い方や抱っこの仕方を教えてもらうことが恒例になっています。毎年4歳児は当番活動により交替で保育者のお手伝いとしてウサギの世話を行うのが恒例になっています。

また，時々保育室に連れて行き，触れ合う機会を持っているので，ウサギも4歳児達もお互いに慣れているのです。

子ども達はウサギが園庭にあるサークルに移された後，抱っこしたり草を食べさせることができます。長い間ウサギは，見る，餌を食べさせる程度のかかわりが多かったのですが，当番活動やクラスでの触れあい体験を通して次第に「僕たちのウサギだよ」，「抱っこの仕方を覚えよう」，「ちゅうりっぷさん（3歳児）がウサギにひどいことをしていたよ。教えてあげよう」等，より身近に感じるようになっているようです。

また，夏期の厳しい暑さの時は，4歳児の部屋に，担任と子ども達が協力してウサギを運び夕方飼育小屋に戻すことが日課になって

写42　**ウサギと遊ぶ** ── ウサギも可愛がって育てると人によくなつきます

います。

　日中，保育室には子ども達で作った段ボールで遊ぶスペースがあり一緒に過ごす生活が続いています。

　ほとんどの子どもはウサギが大好きで，ぬいぐるみ感覚で抱っこしたがります。しかし，ウサギは意外に獰猛な面があり，いやがらないように抱っこできるには少なからず練習が必要です。4歳児にとって小屋に入り抱き上げることは，それほど簡単ではありません。でも2学期を過ぎるころには担任に代わって出し入れができるようになるのです。

　担任と4歳児の子ども達は，ウサギはどんなことが好きなのか考えます。好きな食べ物は何かを調べその植物を探すことをまず始めます。

　ウサギ小屋の後ろに竹が生えていて4羽のウサギがこの笹の葉を良く食べることを子ども達が気づき，毎日みんなが笹の葉を千切るので，笹の葉が不足してきました。時々八百屋さんが届けてくれるキャベツの葉は，たくさんあげすぎるとウサギの健康を損なうこともわかりました。

　そこで子ども達と飼育の本で調べ，クローバーや山東菜の種を蒔き育てることにしました。次にウサギと子ども達が触れ合う広めのサークルを作りなおし毎朝遊べるようにしました。

　最近は，暑さ対策をしたり，獣医さんから聞いて，体重を測るなど細やかなウサギのケアができるようになってきました。

❸　カイコと5歳児

　5歳児ではモルモットとカイコの飼育に取り組んでいますが，その中で1学期に行うカイコの飼育についてお話しします。

　4歳児の段階で，虫を捕ったりアオムシを羽化させたりといった経験を経て年長組に進級した子ども達に，カイコを飼い卵から糸を取るまでの活動を経験させることで，より深く命について考える機会となればと考えています。

　昆虫の飼育は5歳児でもそう簡単ではありません。しかし4歳児の時に園庭でたくさんの昆虫を捕まえ，いろいろな思いを経験してきた子ども達だからこそ，味わった経験を生かし命を感じ，飼育の達成感を味わってほしいと願っています。

　カイコを育てる目的の一つは，絹糸をとり，「織り」を経験することにあります。

　今年，担任は子ども達に「カイコは桑の葉を食べる」，と伝えないでみんなで考えさせ

写43　ウサギのちょこあ君とおはなちゃんとまろん君

写44　気持ちいいヨ！

ることにしました。様々な葉っぱをカイコのそばに置き，果たして何を食べるのかみんなで様子を観察しました。

1クラスのカイコがアリにやられ全滅してしまいました。そこで，近くにある農工大学蚕学研究室の横山教授に相談に行きました。
「アリがカイコを食べるのはよくあることですよ」

子ども達は真剣に話を聞き，ついでに研究室の様子を見学させてもらいました。さらに横山先生に新しいカイコの卵を頂いて帰り，今度こそアリに食べられないようにみんなで守ることができました。

以下は，2014年の5歳児クラスにおける実践記録です。

【5月】
　カイコは食欲旺盛で，子ども達は桑の葉採りに大忙しである。一人の子どもがカイコの食べる様子を見て，「オレも桑の葉っぱ食べてみたい」と言った。
　そこで，早速桑の葉を天ぷらにして食べた。子ども達は，初めて食べた桑の葉を「美味しい！」と満足そうであった。
　手伝いに来られた母親たちも，「初めて食べたけれど美味しいですね。桑の葉には，○○成分があって体にいいんですってね」と，口々に納得していた。

【6月】
　カイコの世話を休日にできる家庭を募って休みの前日に数匹ずつ預けた。
　予め親子でよく約束をして親子で世話をすることを条件に希望者に託した。
　「預かっている間に繭になりました！」，「とても良い経験をさせてもらいました。」などの感想が寄せられた。

【7月】
　年中組時代には，昆虫を次々に捕まえては世話をしないで死なせてしまうことが多かった子ども達だったが，蚕に出会い大切に世話をする姿が見られた。

カイコの幼虫が次々に繭になった頃，年長組で蚕を育てた目的である糸をとることについて話し合いを持ちました。糸をとるには繭を茹でなければならず，繭を茹でるには蛹を殺さなければなりません。その事実を受け入れられない子どもが，毎年必ず何人かいます。話し合いを続けた結果，一週間が過ぎた頃ようやく最後の一人が「じゃあいいよ」と納得しました。ここで大切にしたいのは子ども達の気持ちです。2か月近くカイコの世話をする中で，子ども達は日々成長変化していくこの小さな生き物にすっかり愛着を持つように

写45　カイコに夢中

写46　カイコ蛾に口がない！

なっています。年中組の時にアゲハの幼虫やモンシロチョウの幼虫を飼っていた時は担任と一部の子ども達のみが世話をしていることが多かったが、年長組になるとほとんどの子どもがカイコの世話にかかわるようになってきているのです。

私はその理由として最上級生になると年中、年少組を助けてあげなければならないことを知ったこと、年中組の時に捕まえるだけで満足しうまく世話ができず死なせてしまった経験、年中組時代に年長組や保育者から飼育の仕方を見たり教わったりと様々な経験をすることで次第に、命に触れる喜びも増えてきているのでは、と思います。

ある子どもの「そのままではかわいそうだから、冷凍にしておけば眠っているうちに茹でるから熱くないと思う」との意見で直前まで冷凍しておいたものを使いました。

当日は保護者も参加して、厳かに繭を茹でみんなで糸を捕りました。

私は茹でる前に子ども達に「私たち人間は、このようにして生き物の命を頂いて食べたり洋服にしたりして生きています。頂いた命を無駄にしないように大切に使いましょう」と伝えました。子ども達が真剣に聞いていることが伝わってきました。

写47　カイコ蛾と遊ぶ

【9月】
　春に年長組が蒔いた「アイ」の葉を収穫し母親たちと一緒に、カイコからもらった糸を染めました。「生葉染め」と呼ばれ、葉を細かく潰した汁に漬け、薄青色に染まった糸を少しずつ分け合って子ども達が持っている織り機で一人一人が織りました。保育で蚕を飼うということはどういう意味があるのだろうと考えてみました。

写48　アイの種とり ― 来年の春，次の年長組に引き継がれます

人間は、有史以前より、利便の為に生き物を、食べたり儀礼に用いたりしてきました。そしていつの頃からか、動物を家畜として飼うようになり古くから衣食住すべてに有用な生き物として飼われてきました。農工大学蚕学研究者の横山教授にカイコも家畜の仲間であると教わりました。

年少、年中組時代に様々な生き物とかかわり、愛情を注ぎ命の大切さを知り優しい心を育んできた年長組が、今回カイコを育てる活動を通して糸を取るためにカイコを冷凍して生きたまま茹でる、という矛盾した経験をしたのです。毎日桑の葉をきれいに拭いてカイコに食べさせカイコの成長を喜びを持って見つめてきた子ども達にとって、非常に衝撃的な出来事であったことは間違いありません。

繭を茹でる時の子ども達の息を詰めて見つめる表情、繭の中心から現れたカイコの死骸

を庭の隅に埋める子ども達の様子，その日の給食を誰一人残さず食べる子ども達の姿から，私たち人間が，実に多くの生き物の命を戴いているお陰で生かされていること，それらに感謝すること，命を無駄にしてはいけないこと等，カイコとのかかわりを通して少しずつ気づいていることを子ども達も保育者も学びました。

その他日常園児の周りにいるいくつかの生き物とのかかわりを紹介しておきましょう。

❹ 環境は生き物が影響しあい成り立っている

2012年4月に16年間いた犬が死にました。これを期に，幼稚園におけるウサギやモルモットたちの飼育環境や，子どもと生き物のかかわりが大きく変わりました。大型の猟犬だったのでそれまでウサギやモルモットたちは，飼育小屋から出すことができませんでしたが，現在は毎日オープンスペースや保育室，ベランダなどでウサギやモルモットを抱っこしている姿が見られる等，より身近に触れ合うことができるようになりました。生き物の構成や飼育状態が変わることで，それまでの子ども達と生き物とのかかわりの仕方が変わることを経験しました。幼稚園において犬が1頭減ることが子どもの環境をこれほど変えてしまうということを人間社会にあてはめると，家族の構成や生き物の存在が，人間の経験や印象に少なからぬ影響を与えてしまうこと，人間や子どもを取り巻く環境は実に繊細に人間にも動物にも作用することが想像でき，改めて環境の重要さを実感しました。

❺ アリと出会った5歳児

以下の事例は，「教育美術」2011年829号に掲載された5歳児担任の甫立佳代教諭の実践です。

年長組になった頃，一人の子どもYが保育室前の庭で見つけたアリの巣を発見しました。それがきっかけになって，クラスになじめないできたYがクラスの仲間とアリを介してつながっていく過程や，様々な遊びが展開されていく様子が記録されています。

Yについて特筆すべき事柄を引用します。

担任は『Yは，年少，年中時代に自分の気持ちを伝えたり，仲間と協同して遊ぶことがうまくできず，一人で遊ぶことが多く，担任としてYがみんなと楽しく遊ぶことができたら……と願っていました。そんなYを中心に，

写49 モルモットは女の子に大人気です。大人しく抱っこされてくれるからかも知れません

写50 「アリの巣ってどんなだろう…」「何を食べるのかな…」図鑑で調べ，みんな興味津々

遊びが広がったことは園中で大きな喜びとなりました。』と述べています。このように，時々4〜5歳児になっても仲間と折り合うことがうまくできない子どもがいます。それはクラスの他の子ども達も担任と同じように気づいていると思われます。だからYと担任がアリの巣を見ていた時，クラスの子ども達も心が動いたのだと思われます。Yも自分が見つけた小さな生き物にクラスの子ども達が興味を持って遊びに加わったことは大きな喜びであり，故に仲間と遊べるようになったのだと思われます。このように幼児達の遊びにおいて他者とかかわること，また自身の思いも人に伝えられるようになってくるプロセスに生き物の存在が少なからずみられるのです。

また幼稚園・保育園において飼育活動とは別に身近な生き物と出会う機会は少なくありません。小さな生き物たちは，子ども達にとってそのくらい魅力的な存在なのです。

幼児達にとっては，保育者の援助がなければ継続的な生き物飼育はまず不可能ですが，園庭で偶然出会った小さな生き物に関心を寄せ，飽きずに見とれている子どもも多くいます。その中に子ども同士のかかわりに入れないYのような子どももいます。

担任のH教諭は，前から気になっていたYに寄り添いクラス仲間との交流の橋渡し役をアリとのかかわりを通して果たしています。クラス全体に広がったこの遊びは，アリが姿を見せなくなる冬期にも続いていき，卒園まで途切れませんでした。

私の幼稚園では，生き物の存在が子ども達の心を繋ぎ，次々に遊びへと展開させていくことが実に多いです。育てている野菜をカラスから守ろうと，様々なアイディアを出す4歳児。

同時にカラスがお腹が空かないようにとカラスにご飯の用意もします。この子ども達も3歳児の時は，池のオタマジャクシを地面にぶちまけ，つぶしてしまっていたことを思い出しました。

時間をかけて時には生き物を犠牲にしながら，少しずつ命の大切さを仲間と一緒に学習してきた成果が年長組で発揮されてくると感じています。

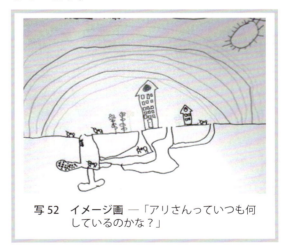

写52 イメージ画 —「アリさんっていつも何しているのかな？」

6 アヒルとアイガモ

2006年，当時1羽のアイガモをもらって飼育していました。長く一般家庭で飼われていたため人に良く馴れて，鳴きながら人間に近寄ってきます。人間以外にも誰かアイガモ

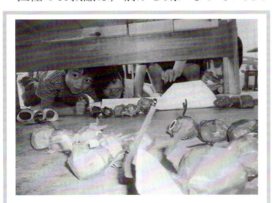

写51 「この巣にはアリがいっぱい！」と巣の中をイメージしてアリを作った

の仲間が必要と思い白いアヒルの雛を1羽購入しました。この2羽は，いつも行動を共にし，アイガモは新入りのアヒルを庇うように次第に人間を警戒するようになりました。

　1羽だけで飼育している時は見られなかった関係の変化を見て哺乳類や鳥類は仲間と強く結びつく生き物が多いのではと感じました。「園便り」の一部を引用しました。

> **▶園便りから◀**
>
> 　2学期が始まったある日，「白いあひる元気になりましたね」とアヒル小屋を覗いたお母さんが声をかけてきました。白アヒルは先天的な障害があったようで歩行が困難に加え，年を取ったせいか筋肉が弱り池から出ることが出来なくなり，7月末衰弱してしまいました。
>
> 　せめて最期をみんなで見守ろうと室内に移し，段ボールにタオルを敷いたベッドでの入院生活が始まりました。2〜3日たって軒下に移動した白アヒルを，外の小屋にいた黒アイガモが何と毎日お見舞いに訪れるようになりました。段ボールの脇に寄り添い座っていて夕方になると小屋に戻っていくのです。数日後，白アヒルの体を洗おうと段ボールから出したとき，白アヒルは，突然嘴と胸を使って歩き出そうとしました。すかさずアイガモは小屋の方に促すように誘導を始めました。一所懸命後を追う白アヒル。その日は，途中のポップコーン畑で一泊し，次の日の朝，迎えに来たアイガモと共についに小屋にたどり着きました。アイガモは夜以外は白アヒルのそばにいて励まし続け「さあ家に帰ろう。頑張れ！」と言っているように鳴き続けていました。
>
> 　今は大分元気になった様子の白アヒルですが，この2羽の生き物達から，私達はこの世界で一番尊いものを教えてもらったと思います。こんな仲間，家族のお陰で私たちは生きていけるんですね。夏休み中の出来事でした。
>
> 　　　　　　　　（2006年9月　抜粋）

写53　仲良しの白アヒルと黒アイガモ

　獣医師の中川美穂子氏にお聞きしたところ，多くの学校や幼稚園で見かけるアヒルの飼育環境は水上で生活するアヒルやアイガモにとって水場の面積が少なすぎ下肢に負担がかかってしまっている，と教えてくださいました。筆者の幼稚園のアヒルやアイガモの小屋の場合，池は大きかったが園内を自由に歩き回れるように小屋の戸を開放し歩かせていたため足に負担がかかっていたかもしれないと反省しました。

7　ニワトリ

　古来から日本に家畜として存在し気候風土に合い，美しい姿，行動的な性格のニワトリは子どもの生活する近くにぜひおきたいと思う生き物の一つです。以前保護者からお祭りでひよこを買ったが飼いきれなくなった等，時々園で飼って欲しいと相談がくることがありました。一度よく考えずにもらったら雄だったため姿は美しいが夜中の鳴き声で近所から苦情を戴いた経験があります。

　以来，いろいろ鳴き声対策を試みましたが最近は雌のみを飼育することにしています。

　ニワトリはひよこから育てると人間にも良く馴れ，園児たちは抱いたり餌をやったりすることを喜びます。朝，小屋の戸を開けてや

ると自由に園内を歩き，虫や葉っぱなどを食べ夕方自分達で小屋に戻ります。園児たちが追いかけても動じずネコが来ても平然と行動します。もし夕方小屋の戸が閉まっていると彼らは木の上で休みます。「ブレーメンの音楽隊と同じだ！」と子ども達も納得です。

　足で土を引っ掻いて虫を探す様子や連れ立って歩く姿，卵を産み抱く様子など実に愛らしくすべての幼児達に見せたいものです。

　名古屋コーチンの雛をもらい飼育していた時のエピソードをお教えしましょう。

園便りから

　♪鶏チャロンと遊ぼう……と坂本真理子氏(音楽教育家)が歌にしてくださったニワトリのチャロンが亡くなった。6歳だった。昨秋一羽が元気をなくし農工大学の鈴木獣医師に診てもらい，薬と糖を餌に混ぜ，治療を続けていた。

　しばらく元気だったが，暑さに負けたのか6月11日に動かなくなった。

　小屋の近くに埋葬した。園児たちとみんなで見送った後，もう一羽を小屋から出すと彼女は真っ直ぐに仲間の眠る場所に近づいて行った。最初からそこにいることを知っていたかのようだった。

　一人ぼっちになったニワトリも後を追うように，1か月後の7月13日に永遠の眠りについた。2羽とも入院を経験したセレブなニワトリたちだった。多くのニワトリは，食用の目的で飼われているため短命だがこの2羽は寿命を全うした数少ないニワトリたちである。

　ひよこの時に幼稚園にやってきた。小さくて可愛く負けん気の強そうな表情をしたひよこたちに，園児たちはすぐに夢中になり競って餌をやったり触りたがった。やがて大きく成長した鶏は，子どもにとって近寄りがたい存在になった。抱っこが出来るのは年長組の数人だけ。でも美しい姿は子ども達の注目を集めていた。

　朝，小屋の戸を開けると次々に飛び出してくる。散歩が好きで足で土や葉っぱを散らして虫を探し食べている。また子ども達が育てている野菜の芽を摘んでしまったり，公園や近くの団地の庭にも連れ立って遊びに行ってしまうなど，自由に生きている様子だった。犬のアイビーとも後半は仲良しで，餌を分け合う仲になり，地面に寝そべっている犬の体に乗っている鶏の姿を良く見かけたものである。

（2009年9月27日　抜粋）

写54　チャロンのごはん作り ─ ちょっとまっててね！

写55　チャロンの死 ─ 子ども達が園庭の花を摘み飾りました

8　モルモット

　モルモットを幼稚園で飼育したのは，農工大学の獣医師から頂いた3匹が初めてです。ニワトリの治療で大変お世話になった農工大の鈴木獣医師が，「モルモットはウサギより飼いやすくて，お奨めですよ」と雄の赤ちゃ

んを下さいました。

モルモットは大変臆病で，餌を食べるとき以外は物陰に隠れて滅多に顔を出しません。また南米ペルー原産のため暑さ，寒さに弱い生き物で大きな音でも死んでしまう等繊細な生き物であると聞きました。以下は「園便り」で保護者に伝えたエピソードです。

写56　モルちゃん大好き！ ― ウサギほど暴れないモルモットは，3歳児にも抱っこができます

▶ 園便りから

春になり外のモルモットハウスが出来，晴れて園児の前に披露することになりました。元年中組のお世話のお陰で警戒心もとれ，人がいても隠れなくなりました。姿をよく見ると丸っこい体につぶらなお目目，微妙に違う個体差で人気抜群です。

新学期には何人もの新入園児の涙を忘れさせてくれたことでしょう。驚いたことに雄だけだと思っていた彼らに赤ちゃんが生まれました。驚く間もなくまた出産！3匹だったモルモットはあっという間に7匹に増えてしまったのです！

こうなるといくら餌をあげても足りず，人が近づくたびに「ピイー，ピイー，」と，ブブゼラ（アフリカの楽器）に負けぬ大合唱が起きます。

「誰かにお分けしましょう」と担任のS教諭に相談すると「えーっ　いやです！」と大反対。もうすっかり情が移ってしまったようです。

そんな折，その話を聞いたH保育園の保育士が，「モルモットを分けてください」と申し出てくれました。

子ども達とS教諭に相談したところ，相談の上「大人と子ども一匹ずつなら（あげても）いい」と言ってくれました。早速隣町から年長児24人が電車を乗り継いでモルモットを受け取りにやって来ました。幼稚園と保育園の年長組同士，質疑応答，申し送りもしっかりと行いモルモット2匹を受け渡しました。現在5匹のモルモットの存在は我園の希望の星です。

（2010年10月27日　抜粋）

年長男児のKは，一人っ子で気にいらないことがあると毎日1回は泣き叫んで不満を表す子どもでした。その頃全職員で参加した動物飼育研修会でモルモットは大きな音や衝撃に弱く簡単に死んでしまう，と学び早速幼稚園でKも含む園児たちに報告をしました。

するとKはその日から泣き叫ぶことをしなくなりました。担任がKになぜ今日は泣かないのか聞いたところ，「モルちゃんが死んだらいやだから……」と言ったのです。

これには担任や筆者も本当に驚き，小さな生き物のために自分自身を抑制する気持ちを表出したKの心の成長に感動を覚えたものです。獣医師に飼いやすいと言われてモルモット飼育を始めたが，日本の気候に合った生き物ではないし，臆病で繊細なため管理に工夫がいることも経験しました。

また3歳児等幼い子ども達にとっては扱いに工夫が必要です。モルモットは担当者には少々手間や負担がかかりますが，年長組の子ども達には適している生き物の一つであると思います。

❾　ウサギのサマーハウス

最近の夏の暑さは人間でも身の危険を感じるほど厳しいものがあります。モルモットや

ウサギ小屋のある一角は午後になると日差しが強く当たり，彼らを避難させる必要がでてきました。モルモットは気温が30℃近くなると年長組の保育室内に置くことにしていますが4羽いるウサギ達は，1学期は2羽ずつクラスに連れてきて子ども達と過ごし帰りには小屋に戻していました。夏休みに入り暑さ対策のため4羽のウサギを室内に移してみたところ，保育室が臭いで大変なことになってしまいました。

飼育は，動物の福祉も大切ですが手間が大変だと職員に負担がかかり長続きしません。市内のH保育園の園長は，「うちは園児で手いっぱいで生き物飼育まで手が回らないよ」と言っていましたが，それも無理もない話ではあります。

以前土の上に飼育ケースを置き飼育していた時は，ウサギが穴を掘り土の中で生活する姿を観察することができました。暑さ，寒さにも適応できるこの方法は素晴らしく，しばらく続けておりましたが，ある日その穴に鼠が同居しているのを見つけてしまいました。衛生面から考えて床をセメントや板で覆わざるを得なくなり今に至っております。

過日，町田リス園を訪れた際，小動物（ウサギやモルモット，リス等）が木の下の小屋に，飼育展示されているのを見て戸外で飼育する方向で考えることに決めました。職員で相談し日除けを付けたり，当番の年中組の担任が園庭のどこが一番涼しいか気温を測り調べたりと，職員全員で汗びっしょりになってウサギの夏越しの場所と方法を考えた結果，園内で最も涼しい場所が柿の木の下だと分かりました。他の木の下よりも，2℃も低かったのです。早速柿の木の下にウサギの避暑の家を作りました。

植木屋さんの話によると，サクラやケヤキの葉に比べ大きく広い葉がびっしり茂る柿の木の下はとても涼しいはず，とのことでした。ウサギ達は最も暑い時，腹部を地面にぴったりくっつけ体を冷やしていました。

木の根元の土は，温度が一定で涼しいことをウサギから教わりました。

早速水を撒いて温度を下げるお手伝いをしました。ウサギ達は暑い間，柿の木の下で過ごし，涼しくなったらまた元の小屋に戻ることにしています。

日頃，年中組担任が中心となってウサギの世話をしてきましたが，夏休みは全職員が交

写57　保育室のウサギの部屋

写58　ウサギと3歳児

代で動植物の世話に当らなければなりません。様々な飼育経験を積んでいる主任を中心に、夏の暑さから生き物を守るために何ができるか考える良い機会の一つになりました。サマーハウス滞在中のウサギ達の様子を見た年中組の担任「今までは暑くなると伸びたようにぐったりしていたけれど、柿の木の下では涼しそうでいつも元気いっぱいそうです！」と高い評価でした。

　園児たちがいない夏休みに動物たちを大切に見守る姿勢を再確認できたことは飼育活動を進める上で少なからぬ意味があったと思います。2学期に子ども達にこのことを報告したら、きっと彼らは褒めてくれるでしょう。日本に昔からある樹木の価値を再認識した夏でした。

　さらに職員の意見で、飼育小屋を固定せず季節によって移動してみようという考えに至り、移動式の飼育小屋も作りました。

　幼稚園、保育園では年々飼育活動が縮小し継続的に生き物とかかわる経験が乏しくなってきています。また温暖化の影響からか夏の暑さがどんどん厳しくなる現代において、幼児達が命とかかわる大切な機会をどう保証し、同時に生き物が少しでも幸せに過ごせる環境づくりを両立させていくことができるか、私たち幼児教育の実践者に強く求められていると思います。

　以上の様に幼稚園の子ども達は、今までニワトリ、アヒル、ウサギ、モルモット、イヌ、カメ、等数々の哺乳類や、鳥類と生活を共にしてきました。私が飼育動物を選ぶ際、子どもが触れ合うことができる種類かどうかを大切にしています。

　0歳児の子どもは、見たものを何でも口に持っていく性質がありますが、体の中で最も敏感な口で物を認識していると言われます。幼児期の子どもも体のあらゆる感覚、視覚、嗅覚、聴覚、皮膚感覚、触覚などを使い生き物を深く知る経験をさせたいと思います。それは幼児期の子どもも感覚器官をたくさん通過することが物事を認識する時に重要だと思うからです。

　私は自身の経験から、哺乳類の飼育は幼児にたくさんの育ちをもたらすと感じており、実際予想していた以上に高い教育効果が得られていると思います。

　哺乳類や中型鳥類の飼育の利点について以下に述べてみましょう。

① 人間とコミュニケーションを取り合うことができる

写59　移動できるウサギの新居完成！

写60　ニワトリと3歳児 ― チャロンだっこしたい！

哺乳類は人間が近づくとじっとこちらを注視しているのが判ります。おなかが空いている時は特に一目散に寄ってきますし，好きな人間，嫌いな人間を様々な方法で見分け表現します。つまり子どもの行動に対しても応答的であると言えるでしょう。この応答性は子どもの興味や意欲を引出すことに繋がっていくはずです。

② 目と目が合う

ウサギなどの草食動物は目が側面にあるため横向きだが遠くから人間を見ているし，犬や猫などの雑食動物は人間を直視します。いずれにしろ哺乳類は空腹でない時でも人間を見つけると近寄り意思を伝えようとすることがあります。この哺乳類の行動は，子どもに親近感を与えます。

③ 鼓動，体温がある

温かく，体毛で覆われた哺乳類を触ると私たちは気持ちが良いと感じます。

抱っこすると鼓動を感じ，子どもは自分自身にも体温や鼓動があることに気づき自身に近い存在と感じます。

2 犬と幼児

T・グランディンは，犬は人間の身近にいる他の動物と全く違い，社交的で人間がすることにとても敏感，人間の気持ちをよく理解し，人間の視線や指差す方向を追って餌が隠されている場所を見つけることができるのは，オオカミにもチンパンジーにもできず犬だけである，と述べています。

私も40年近く幼稚園で飼っていた経験から，確かに人間とのコミュニケーション能力に長けていると実感しています。しかし実際に犬を飼っている幼稚園，保育園は少ないのです。それは現代の多くの人間にとって犬を飼うことは，一般的なことではないからでしょう。

無藤隆氏は，動物飼育で大切な点は体験を通して本当の生態を観察し，愛情を感じ相手に合わせた気持ちになれることと，継続してかかわることが命の教育として非常に大切であるが，学校飼育動物の中で犬は困難であり勧められないと述べています。その理由を犬は飼い主以外に心を許さない傾向があり，その人がいないと扱いにくい動物であるからということです。

私は実際に3頭の犬を幼稚園で飼育してきました。確かに犬は特定の人間になつき運動が欠かせない等，飼育に工夫が必要な部分があります。でも，子ども達には，ぜひ人類と共に生きてきた犬と親しくなってほしいと思います。

また，犬が持つ知能が高く飼い主に強く愛着を示すこの性質は極めて人間の親子，仲間関係に似ていると思います。人間の場合も家庭で深い愛着関係の土台があると他の人間関係を結びやすいことは多くの研究に見ることができます。

「犬は人間の最も親しい友達」とも言われるように現在犬は人間への信頼の強さと高いコミュニケーション能力を生かして様々な人間の生活をサポートし活躍しています。

犬は自分の意思を様々な方法で仲間である筆者や子ども達に伝えることが出来ます。鼻や前足で飼い主を押し注意を引き付ける，尻尾を振る，喉や鼻を鳴らす，行きたい方向を首を動かし歩いて示す等，豊かに思いを表現する姿を私は見てきました。これらの能力は他の動物ではほとんど不可能でしょう。

犬は祖先が「家族単位の群れ」で生活するオオカミである説があり少数の集団で暮らし

ていました。人間と生きる道を選び家畜化された後はリーダーである飼い主に忠実で、属する家族との継続的なかかわりは犬の大きな喜びとなっているそうです。犬の持つ環境への高い順応性は、子ども集団にも影響を与えるのではないでしょうか。

私が毎日幼稚園に連れていった中で、3代目のラブラドール種は、飼い主である私にはもちろん園児達とも良い関係を持ち、一日中行動を共にしていました。

そのような経験から私は幼稚園・保育園で犬を飼う場合、犬の性質を熟知した飼い主が職員におり環境にあった犬を選び、犬の持っている性質を子どもに理解させる努力を惜しまなければ、他の動物からは得られない高い教育効果が得られると確信しています。

●注
① T.グランディン『動物が幸せを感じる時』NHK出版 2011
② 無藤隆『学校飼育と動物』全国学校飼育動物研究会編 2006

❶ 3頭の犬を飼育して学んだこと
―コロとプーさんとアイビー

● 1頭目の犬

《柴系　コロ　雌　1975〜1985》

1975年、子犬を知り合いからもらい受け、外の犬小屋で飼っていました。繁殖期を迎えた近所の雄犬によって半年後、母親になりました。数年後「フィラリア症」という蚊による病により10歳で死を迎え、私は飼い方の不味さを猛反省しました。残念ながら写真はありません。

● 2頭目の犬

《柴系　プーさん　雄　1986〜2004》

1986年、幼稚園の保護者から生後数日のまだ目が開かない子犬を1匹もらいました。

写61　プーさん

今度の犬はフィラリア予防を心掛け鎖で繋がず室内で放し飼いにしようと決めて筆者が担当していた年長組に毎日連れていきました。

当時、私には生まれたての子犬を育てる知識がありませんでした。しかし園児が力ずくで子犬を抱こうとしているのを見て、子犬に良い環境ではないと判断し、子ども達と一緒に犬の飼育の仕方を勉強することにしました。私も子ども達と一緒に犬の飼育の本を読み、たくさんのことを学びました。

先ず少なくとも生後8週間は、落ち着いた静かな環境で育てるべきであり、母犬のそばから離してはいけない、この時期に子犬は、母親や兄妹の犬達からアタッチメントを受け、社会性等生きていくための大切なことを教わるのだそうです。そうすることで人間とうまくコミュニケーションを保っていくことができると知りました。

晩年、足腰が弱り、ふらふらと庭を歩いていたこの犬に園児たちはとても親切に振舞っていました。この犬は18歳まで生き、園児の見守る中で息を引き取りました。

3日間お通夜をして園児達や保護者から見送られ埋葬しました。3歳児のO君は「天国でも元気でね」という手紙とプーさんの絵を霊前に供えていました。

第 2 章　幼児と生き物　　45

写 63　プーさんの死

● 3 頭目の犬

《ラブラドール・レトリーバー　アイビー　雄　1996 〜 2012》

　1996 年，知人から生後 4 か月のラブラドール・レトリーバー種の雄の子犬を引きとり，プーさんに加え 2 頭飼いが始まりました。初めて複数の犬を飼育したことで犬の種類や個体差の違い，犬同士のかかわりを観察することができました。

　アイビーは，ブリーダーである獣医師の適切なケアのもと 11 頭の兄妹たちと共に，数か月間母犬や獣医師，たくさんの兄妹たちから愛情を受けて育ち，人間や犬の家族両面から様々なコミュニケーション能力を育んだことが推測されます。それが「アイビー」が人間が大好きで落ち着きのある素直な性格の犬であること，また幼児がたくさんいる環境に順応できた理由の一つではないかと思われます。

　子犬時代の環境が大切なのは人間の子どもと変わらないことを知り幼児教育に身を置く者の一人として大変参考になりました。

　アイビーは，それまで飼った他の 2 頭とは性質や行動が全く違っていました。私や園児達と一緒にボールを追いかけたり，投げる雪の玉をキャッチする等，何をするにも常に行動を共にしたがりました。

　ところが一つ大きな問題が起こりました。ラブラドール種は鳥猟犬として生きてきたので他の生き物を捕えてしまう性質があったのです。前述の通りそれまで私の幼稚園では毎朝ニワトリは放し飼いにし，ウサギは触れ合いコーナーに出していましたが，雄の猟犬が仲間に加わったことで環境を変えざるを得なくなりました。

　限られた空間の中では，動物の関係性が大きく変わってしまうことを思い知りました。この経験から私は新しく動物を飼育する場合，性質をよく調べてそれぞれの暮らしに合った種類を選択しなければならないことを学んだのです。

　唯一ニワトリだけは犬が近づくと木の上に飛び上がり自分の身を守る術を心得ていました。

　アイビーは咥えるだけで食べることはないので繰り返し教えていくと，だんだんと咥える事を我慢するようになりました。その後ネズミを生きたまま捕まえて見せにきた時は大いに褒め励ましました。他にもネコやハクビシン，カラス等が幼稚園にくると昼夜構わず吠えて追いだす等，自分の仕事を見つけ役割を果たそうとしている様子がありました。

　私は 3 頭を飼育した経験から犬なら何でも良いというのではない，どんな犬が集団生活に適応できるかをよく調べてから飼育を始めることが非常に大切であることを学びました。特に 2 頭目の柴系は，子ども達に取り囲まれると逃げ出していたので，母犬から離される時期が早すぎて社会的行動を学習する機

写64　ワーイ　雪だ！

会がなかった可能性が高いからでは、と考えています。

❷　犬が園児に与えたもの

園児達は多くが集合住宅に住んでおり犬を飼っている家庭はほとんどいません。従って犬の扱い方が良くわからないようでした。たまに祖父母の家で犬に出会う程度ですから、幼稚園の犬を見て多少乱暴に扱ってしまうのは仕方がありません。

子どもは興味を持った対象には触れずにはいられず、触ったり、匂いを嗅いだり重さを感じたり、心臓の鼓動を手や耳で気づいたりすることで対象を理解していく生き物なのですから。

中には叩いてしまったりすることも。ところが大型犬のアイビーは、子どもに多少乱暴に扱われても、びくともしないので、あまり神経質にならずに子どもが限度を超えてやりすぎたときに、「アイビーが何かいけないことをしたの？アイビーは、痛いと思っているよ。やめようね」と伝えていました。

保育者達もあまり神経質にならずに様子を見ていて、子ども達が耳やしっぽを引っ張ったり、目に指を入れようとしたり、また、砂をかけたりする行為にはきちんと犬の気持ちを代弁するようにしてくれました。

体重が37キロもあり子牛のように大きいアイビーは、子どもの強引な愛情表現にも動じず、されるがままでした。

しかし新入園児達も半年が過ぎる頃には、手加減を覚えてくるようでした。

アイビーの子犬時代に2年間ドッグトレーナーに訓練を依頼しました。このトレーナーからは実にたくさんの犬育てのコツを教わりました。

トレーナーの指導の一例として、犬の好ましくない行動を制止するとき、飼い主は名前を呼んではいけません。叱るときに名前を使っていると、犬は嬉しくないから呼ばれても飼い主のところに来なくなってしまうということでした。

私は人も一緒だなと心底納得し、その後園児たちの名前を呼ぶ時はできるだけ肯定的な場面でたくさん使いましょうと職員や保護者に呼びかけています。

子ども達は犬が何をしたいのか、どうしたら自分に関心を寄せてくれるのか犬の動きや表情をじっと観察していました。

子ども達が一番よく犬の意思を理解していたのは「水が飲みたい」時でした。放し飼い

写65　アイビー大好き！

なので園庭を自由に動き回るこの犬は，よく喉が渇きます。犬が水道の前に立つと，私が栓を捻り水を出してやります。犬が豪快に水を飲むのを見ていつの間にか子ども達も真似をします。また犬は体を撫でると腹を見せて寝ころぶので『ここの所を撫でると喜ぶよ』と子ども達も犬の合図が理解できるようになるんですね。

3歳児達は入園したての頃，とにかく犬を追いかけ回して保育室を飛び出し，犬が水を飲む，戸外で排尿する，餌を食べるところ等を熱心に観察していました。きっと珍しかったんでしょう。

犬に群がった子ども同士で遊びが生まれている場面も多く見られました。

4歳の新入園児Bは，新学期の間ずっと犬の傍で過ごし，6月が終わる頃になってようやく人間の仲間に入り犬から離れていきました。

この子どもを見て犬の存在が人の仲間づくりへのステップとなったこと，その橋渡しの役目を果たしていることがわかりました。

私が犬に「お手，待て」などの訓練をしているところを見て子ども達も，ビスケットをあげる訓練を真似したがりました。「犬の先生になれるね」と，うまくできたときに褒めると子ども達は本当に嬉しそうでした。

マラソンの時，子ども達の多くは一番になりたがり全速力で走りますが，犬にはかないません。「どうしてアイビーは早いの？」と聞くので「それはね，アイビーは足が4つもあるからよ……」「ふうーん」子ども達にとって犬も人間も区別なく身近な存在であったと思います。「アイビーは人間じゃない？」と聞きにきた子どももいました。

以上の経験から犬がどれほど子ども達に良い影響を与えるかを考えてみました。

① 犬の持つ高いコミュニケーション能力は幼児にも理解しやすく，犬のように体全体を使って気持ちを表す動物は他にはいません。言葉を十分に獲得していない幼児にとって会話がなくても察することができます。

② 犬は幼児を批判したりせずそのまま受け入れ，愛情をかけると素直に幼児の愛情に応えます。

③ 共に命を持つ生き物としての犬。人間より早く寿命を終える犬は，命の有限性を身近な幼児に伝えてくれます。

④ 犬に興味を持つ幼児同志で遊びや仲間関係が広がり増えることは，他の動物の比ではありません。

⑤ 犬の種類にもよるが，幼児が多少雑に扱ったとしても耐えられるので，弱い存在への配慮を幼児に実践しながら伝えることができます。

⑥ 幼児期に犬と共に育ち，愛着を感じ習性や世話の仕方を覚えた人間は，その経験により他の弱い動物や生き物への配慮ができるようになると思います。

写66　アイビー

3　アイビーの死

2012年の2月頃から16歳の「アイビー」は弱ってきました。

私は3月15日に保護者に次のようなお便りを出しました。

園便りから

「アイビー」が高齢になり，体重が15kg近く減少し後ろ足が弱り歩行が困難になってきました。「犬は人間より5倍速く衰える。」と誰かが言っていましたが，獣医さんも，「16歳は，大型犬のラブラドール・レトリーバーでは珍しい」と言っていました。府中第9小学校の生徒が園内見学にやってきた時，何人かの卒園児が「アイビー」を取り囲み，「うわあ，痩せたなあ！」と驚いていました。

元気な頃の「アイビー」は，いつも尻尾を振って歩き散歩が大好きで子ども達と毎日マラソンをし，サッカーに乱入し，ボールを奪い取る・知らない人が来れば吠えて知らせる，猫が来れば追い出しネズミも捕まえては見せに来るなど大活躍と，素晴らしいパフォーマンスで私たちを飽きさせませんでした。

ラブラドール・レトリーバーは鳥猟犬であることを飼った時点では知りませんでした。園のウサギ，鶏，亀を捕まえ，咥えてしまって困りました。6歳を過ぎたころから穏やかになり，庭を歩く鶏が背中に乗っても気にせず昼寝をしていました。

犬は，大昔にオオカミ族から別れて人間と一緒に生きる道を選びました。高い知能と社会性を持ち，決して飼い主を裏切りません。言語は持たなくても体全体を使って豊かに思いを伝えます。

歳をとり動けなくなるのは，ごく自然であり当たり前のこと。与えられた命を残された感覚や機能を使って最後まで生き抜こうとしているこの生き物から，私たちは，たくさんの素晴らしい贈り物をもらっていると感じます。

何があっても人間を愛し慕ってくれ，たくさんの喜びを与えてくれた「アイビー」へのお返しの気持ちを込めて見守っているところです。それはたぶん人間の行為の中で最も気高いもののひとつであると思います。

（2012年3月）

写67　アイビーのお通夜

● 子ども達の反応

「アイビー」は，2012年4月12日に老衰のため死にました。私は園長として「アイビー」を知っている保護者と卒園児に臨終の様子を書き送りました。ここではその手紙をそのまま引用します。

● 犬のアイビー大往生

園からの手紙

新学期が始まって間もなく，アイビーは幼稚園の敷地内の自分の部屋で一人息を引き取りました。少し苦しんだ跡がありました。その日午前中は餌を食べ，庭を歩いていたのを覚えています。午後1時には園児が帰り，続いて年中組の保護者懇談会を終え，3時過ぎにアイビーの様子を見に行った時に異変に気付きました。

臨終にそばにいてあげられなかったことが悔やまれました。元気な頃と違い私の後を附いてくることが減り，寝ていることが多かったのでこの日もあまり気にしていませんでした。動物病院の医師に報告すると「長い間よく頑張りました。たくさんの子ども達に囲まれて幸せな犬でしたね」と言ってくれました。

次の日，アイビーが死んだことを園児全員に伝え，お葬式を行いました。庭に咲いている花を一本ずつ摘んでアイビーの枕元に供えお別れをしました。その時アイビーに触って冷たくなったことを感じてもらいました。感受性の高い子どもは泣きじゃくっていました。

その日の降園直後，園児から話を聞いた保護者達の別れを惜しむ弔問の長い列ができました。保育中にお別れを済ませた園児たちも親と共に再びお別れをしに来てくれました。園バスで帰ったH子は家に帰るなり，わあっと泣き出したんだそうです。

びっくりした母親が訳を聞くと「アイビーが死んじゃった！」学校から帰ってきた姉と共に再び駆け付けてくれました。また一年生のN子は手紙を書いて霊前に届けてくれました。

在園の保護者達からのメールを見て，卒園児の親子も続々弔問に訪れました。その列は夜7時まで途切れませんでした。

駆け付けてくれた人たちが異口同音に言ったことは，「アイビーにいっぱい遊んでもらった。」「アイビーは死ぬはずがないと思っていた」翌朝の出棺の時にも，出棺後にも卒園児親子が，数人別れを惜しんでいました。

雨の中小学校の授業参観の帰りに訪ねてくれたKさん親子。父親は「アイビーが死んでかわいそうと言うのはやめなさいと娘たちに言っている。それは人間の気持ちでしかない。それよりアイビーがどれだけ一生懸命最後まで命を全うしたか，それを考え，讃えるように」とぽっかり空いた心の隙間に浸み込む言葉でありました。

翌日，寺での火葬に出向いた親子もいました。弔問は，何日も続き知らせを聞いたたくさんの卒園した小中学生達が，誘い合わせて連日続々弔問にやってきました。久しぶりの再会で，彼らは大きく成長していましたがアイビーを見つめる眼差しや，寂しそうな様子から，園児の頃と変わらぬ優しさを覗うことができました。彼らは，まだ元気で走り回っていた頃のアイビーと関わっていていたので，サッカー中にアイビーにボールを奪い取られたり，給食のパンを盗まれていた子ども達であります。（アイビーは，ボールを操作するのが実に得意でした。特に両足でドリブルしながら，走る姿は目を見張るものがありました。）

卒園児たちは一週間以上も，次々やってきては写真を見たり園内をうろうろして帰って行きました。

以前から当園には犬がいてアイビーは3代目でありますが，家族でもない犬の死を悲しむ人々がこんなにたくさんいたこと，またアイビーがこれほど人気者であったことを知り驚きました。非常に賢く活発だったが，素直で園児が体に乗っても嫌がらず寝ているようなおおらかな犬でした。「アイビー」は生後4か月の時に知人の紹介で家族の一員になりました。すでに我が家には「プーさん」という雑種の犬がいて，この2頭が仲良くなればと願っていましたが「アイビー」がどんなに親愛の情を示しても「プーさん」は図体の大きなこの新入りを好まず，2頭は生涯打ち解けませんでした。

成長してからの犬同士の交流の難しさを知りました。この柴犬の「プーさん」とラブラドール・レトリバーの「アイビー」の決定的な違いは，何だったのでしょうか。

動物にも人間と同じように性格が一人一人違うと思われます。「プーさん」は，賢い犬でしたが神経質で誇り高く，子どもを自分より低い位置に置いていた節がありました。一人散歩を好み気が付くと

園を抜け出し外の空気を吸いに出て行ってしまいました。何回も近所の皆さんに連絡をいただき迎えに行ったものでした。一度は警察に保護されて，落し物係に貰い受けに行きました。

一方「アイビー」は幼稚園と園児が大好きでした。活発で生きている喜びを全身で表現します。その様子はまず尻尾でわかります。歩くときいつも尻尾はワイパーのように左右に小刻みに振られていました。ところが「散歩行こうか？」と声をかけた途端，アイビーの尻尾はプロペラのように360度回転します。

また子ども達は「アイビー」が叱られたり，雷や花火の音を聞いた時アイビーの尻尾は形が変化することを発見しました。尻尾で嬉しさや怖さを表現する様子に気が付き，「アイビー」が何を考えているのか少しずつ理解できていたようです。

また「アイビー」はいくつかの人間の言葉を理解していたようです。「待て，座れ，お手，ねんね」はもちろん「お皿持って来い」「紐持って来い」「ボール持って来い」等々。

散歩の後，毎日幼稚園に出勤しますが子ども達が次々に登園するのを嬉しそうに玄関で出迎えていました。園庭でも室内でも自然に子ども達の中にいました。

「アイビーは副園長だね」と保護者のお父さんが言いました。

毎朝の「公園一周のマラソン」，月数回の「音楽で遊ぼう会」という親子の集まりにも必ず参加して，できることをやっていました。子ども達や保護者達，未就園児の小さな子ども達にとって大型犬の存在は，脅威だったでしょうし，座っているとやって来て隣に寝ころぶ犬を嫌がった人も多かっただろうと思っていました。

しかし今回たくさんの卒園児や保護者の方たちが別れを惜しんでくれたのを見て，多くの人がアイビーの存在を受容してくれていたのだと改めて感じました。

アイビーが子ども達の心の中に残っているのは，ケージや檻の中でなく，直接，触れることが出来る子どもの身近にいたことも非常に大きいと思われます。

泥んこで料理を作ってはアイビーに食べさせている子，アイビーに掴まり背中に乗ろうとして振り落とされた子，新学期は怖がっていてもやがて慣れて通り過ぎても気が付かないようになる子。さくらんぼや柿もぎではアイビーにも必ず分けて食べさせていた子。「種も食べちゃったね。うんちから出るかな？」アイビーが水道の前に立つと誰かがさっと栓を捻り水を出してやる子，水が飲みたいことを感じているのでしょう。私が出張から帰ると「アイビーが門の前で寂しそうに寝そべっていたよ。百合子先生を待ってたよ」と教えてくれる子どもや保護者もいました。

子ども達は，よくリードを付けては「散歩させてるの」迷惑そうな表情のアイビーだがされるがままについていく度量も持っていたようです。「どうしてアイビーはいつも百合子先生のそばにいるの？」いつも私の後をついて歩くアイビーを不思議に思って毎年この質問をする子が一番多かったです。

「毎日お散歩して，ご飯をあげるのは私だからよ」「ふーん」

犬に不思議な力を感じている保護者もいました。

「実家の犬が亡くなり，悲しい気持ちを抱いて幼稚園に娘を送っていった時，日頃は寄って来たこともないアイビーが真っ直ぐ私のところにやってきて鼻を近づけて何か言いたそうな様子でした。それが数日続きました。きっと犬にはわかるのでしょうね。びっくりしました。」

日頃，園庭で小さな生き物と出会い，飼育，栽培活動を通して命とかかわる生活を大切にしていますが，今回ほど，子ども達が生活する場に生き物の存在が子ども達の育ちに与えている影響を感じたことはありませんでした。

確かに犬のように賢く，人間に強くアタッチメントを求める生き物をいつも子

ども達の環境に用意することができる幼児教育施設は、そう多くないでしょう。世話もそう簡単ではありません。むしろ小さな子どもを育てるくらい手がかかります。

特に大型犬は食べる量も多く、糞の量も半端でなく多いです。かつて一度保護者から、糞が落ちていて不潔だといわれたことがあります。そこで、保護者会で「園で動物を飼っているのは、教育の一環です。生きているから餌も食べるし、排せつもします。毎日散歩に行っては排せつを促していますが時々庭にしてしまうことがあります。職員も気を付けていますが、もしそれを見つけた保護者の方は、シャベルで捕って隅に埋めてください。その姿を子どもに見せましょう。」と伝えたことがあります。

それでも毎朝登園前の園庭掃除は欠かさないし、糞が落ちていないか確かめているのは当然です。協力を惜しまない歴代の職員の皆さんに本当に感謝しています。

このように犬を飼うのは、大変な労力が必要ですが、人間がよりよく育つためには、合理的で手軽な方法ではだめで、手間をかけ丁寧に心を砕いていくことが大切であることを今回再確認できたと思います。

卒園して何年も過ぎた人間の心にこれほど残っているアイビーの存在は、彼らがこれから歩む未来に必ず何か貴重な影響を与えるはずです。アフリカの格言に、「一人の子どもが育つには、村中の大人の存在が必要である」とあるが、人間はたくさんの命と係わり影響を受けながら育つことが不可欠であると思います。今回、一頭の犬を見送って、改めて生き物と人間のつながりの重要さを感じました。今更ですが、子ども達はとても大切な素晴らしい体験をしたことを確信しました。特に元気だったアイビーとの濃い時間が卒園生にはたくさんあったのでしょう。

犬の他にも卒園生たちは幼稚園で飼育、栽培も含めたくさんの小動物や生き物とかかわっていました。それこそ多様な生き物と様々な出会いがあったはずで、それらが総合的に影響を与えていると思われます。

長い間アイビーを可愛がってくださり、また忘れないで心を寄せてくださったたくさんの皆様に心から感謝しています。あんなに幸せな犬はおりません。アイビーのお陰で私たちはたくさんのことを学びたくさんの暖かい気持ちに触れることができました。懐かしいお顔にも再開できました。これから年長組とアイビーが生きていたことを忘れないようにするためにどうしたらよいか考えていきます。またお知らせしますね。本当にありがとうございました。

（2012年4月　臨時園便りより）

● 卒園児・保護者の反応

アイビーの死後、卒園児やその保護者たちからたくさんアイビーについて手紙や絵、歌などが寄せられました。それは半年ほど続きました。

① 卒園児の手紙から
- 小学校2年生（7歳）女児からは、絵入りの手紙が届きました。この子にとって犬がとても身近な心安らぐ存在であったことが分かります。

- 中学校1年生（12歳）男子生徒の手紙からは，彼にとって犬とかかわることで幼稚園生活がより充実したものになったことがわかります。

> 幼稚園にいたころアイビーと遊べることが楽しみの一つでした。アイビーと鬼ごっこしたり，アイビーの背中に乗ったりアイビーの鼻をつついたりうっかりアイビーの尻尾をふんでしまったりアイビーとボール投げをしたり。うちの弟もお世話になりました。
> アイビーがいて本当にとっても楽しい幼稚園生活でした。幼稚園を思い出せば，アイビーとの思い出が目に浮かびます。アイビーがいて本当によかったです。
> アイビーありがとう。

以下は内容を要約して紹介します。
- アイビーは自分の命を大切にしたので長生きしたと思う。
- アイビーが頑張ったように私も学校で頑張っている。
- アイビーとかけっこしたりマラソンをして遊んで楽しかった。
- パンや，かき氷を欲しがった。
- サンドイッチを盗られたけどそんなアイビーも好きだった。（多数）
- 給食のとき，ゆり1組のドアを開けて入ろうとした。
- お給食のとき，アイビーが入ってくるとみんな（食べられないように）お皿を持ち上げるんだよ。
- アイビーの上に乗ってもおとなしくしてくれた。
- 転んだとき傷をなめてくれた。
- 最初は怖かったけど今は平気になって可愛くなった。（多数）
- アイビーはすごい元気だった。
- 犬が苦手だったけどアイビーが優しいとわかって好きになった。
- アイビーは百合子先生が好きだった。いうことをちゃんと聞いていた。
- アイビーについていくと百合子先生のところについた。
- アイビーが死んでとても悲しい。
- お泊りの時アイビーが隣にきて一緒に寝た。
- 音楽で遊ぼうの時も一緒でした。
- アイビーはおなかがすいたら自分のお皿を百合子先生に持って行ったよ。
- 長生きしてくれてありがとう。
- アイビーがいたからあおい(幼稚園)に入ったの。
- アイビーが大好きだった。
- 私が水を飲もうとするとアイビーが横入りした。
- 天国でゆっくり休んでほしい。
- みんなのこと忘れないでね。
- 天国でみんなのこと見守っているんじゃないかな。
- 座って上履きを履いているとやってきて尻尾でバシバシたたかれた。

- 池でザリガニを釣っていたら，するめを食べてしまった。
- アイビーが亡くなってびっくりした。
- 小さいころから獣医さんになりたいと思っている。
- 夢で逢おうね。
- アイビーを撫でたときおなかを見せてくれてうれしかった。
- アイビーは守り神だと思う。
- 給食のパンを食べたり，サクランボを種ごと食べてしまったが決して園児に噛みついたりしない優しい犬だった。
- アイビーに元気をもらった。これから私が元気をあげたかった。
- 幼稚園というとアイビーを思い出す。
- アイビーって人間じゃない？

② 保護者の手紙から

- 入園の日，菜の花の花壇の前でお座りし，緊張していた私たち親子を「今日から仲間だよ」とでも言うように迎えてくれ安心させてくれました。
- 遠足の日，出発するバスに向かって，繋がれているアイビーが「置いてかないで〜」と「ウオーン，ウオーン」って泣いて……。見送る母たちも泣いていました。
- 幼稚園に犬がいて一緒に生活することに批判的な保護者もいるかも知れないけれどそれ以上に，アイビーから大きな愛を受けている園児や保護者もいるって思う。
- アイビーにはいつも癒され楽しい時間を一緒に過ごせたこと感謝です。
- 子ども達を心優しい人に育ててくれてありがとう。
- 我が家も今年愛犬を看取りました。犬を飼って幸せでした。動物との密接な繋がりは心を豊かにします。ありがとうございます。
- アイビーにお別れした帰り，「百合子先生はもうアイビーに会えないんだね。ママは死なないでね。」と息子は3日間，母親が死んでしまう夢を見て夜中に泣きながら目を覚ましていました。「この世に生まれたものは必ず死ぬ時が来るから毎日をアイビーみたいに楽しく過ごそうね」と子ども達に話しました。
- 普段幼稚園に行っても一言も吠えないのに，時間外に行くと吠えられました。
- 卒園式と入園の日と子ども達の門出を最後の力を振り絞って一緒にいてくれたんですね。

　私は卒園児や保護者から寄せられた言葉や行動から，幼稚園で犬を飼育した成果がここにはっきりと表れていると実感しています。犬の死をきっかけに多くの人達の心の中に一頭の動物の命の存在がしっかりと印象づけられていることを知ることができました。

写68　年長組が砂で作ったアイビー

❹ 絵本「アイビー」の制作

　16年間，幼稚園で生きた犬の死は，在園生，卒園生，保護者達に大きな反響を残し，生前，この犬がどれだけ印象深い存在だったかということを再認識しました。

　中川美穂子氏は，動物とのかかわりで最も重要なことは，その動物の死を経験することである，と述べていますが，私は死に至るまでのかかわりのプロセスの内容が，死を経験する子ども達の印象に大きく影響を与えると考えています。

　今までニワトリ，アヒル，ウサギを始め多くの生き物が幼稚園で死を迎えてきましたが，今回ほど子ども達や周囲が大きく反応したことはありませんでした。この理由として犬がケージや綱で行動を制限されることなく常に子ども達のそばにいたこと，子ども達の要求や期待に応える等，子ども達と常にコミュニケーションを交わしていたことが大きいと思います。

　今年の年長組の子ども達は，年少，年中組時代に2年間年老いた犬を見ていて犬のことを良く知っていました。しかし2年もするとこの犬を知る子どもがいなくなってしまうので，私は「昔こんな犬が幼稚園にいたんだよ」と後のこども達や保護者，職員に伝えることができるよう記録に残す必要を感じました。

　職員や保護者と相談した結果，絵本を作ることにしました。

　年長組の子ども達を集め，「アイビーが死んでから卒園生やお母さんたちから，こんなにいっぱいお手紙や，絵が届きました。そして毎日たくさんの人がアイビーが死んだことを悲しんで幼稚園にやってくるんです。卒園したお兄さんやお姉さんはアイビーがまだ元気いっぱいの時に幼稚園にいたので，一緒にサッカーをしたり，マラソンをしたりしたんです。もちろんお給食のパンを食べられちゃったこともいっぱいあったようですよ。でもみんなアイビーが死んじゃったことを悲しんでいるようでしたよ。そこでね，年長組さんのみんなで『アイビー』が幼稚園にいたことをみんなが忘れないように絵本を作ったらどうかしら？」と提案すると子ども達は「いいよ」と賛成してくれました。

　新米の年長組としては難しい課題ではあったと思いますが彼らは幼稚園で2年間かかわってきて犬のお葬式を経験し，保護者の涙や歴代の卒園生の手紙を見たせいか「やりたくない」という子どもはいませんでした。もしかしたら言えなかったのかもしれません。私は年長組全員の思いを1冊の絵本に込めること，子ども達の負担をできるだけ軽くすることを最大の目標にして，お話の筋は全員で考え，アイビーを一人1匹ずつ貼り絵で作ってもらうことにしました。

　子ども達に色画用紙を選ばせ，イメージに向かって自由に鋏で表現してもらいました。黒い犬でしたが子ども達は好きな色を選び「アイビー」を30分もかからず作り上げま

写69　絵本『アイビー』

第2章 幼児と生き物

した。見ると，黒い色を選んだ子どもは半数ほどで，ピンク，オレンジ，水色，紫，黄色等思い思いの色と形の「アイビー」ができ上がりましたが，垂れている耳，質感のある太くてピンと張った尻尾などどれもアイビーの体の特徴をよく捉えていて驚きました。いつも身近にいて犬とよくかかわっていたからこそ，一人一人の子どもの心を潜って出てきた表現だと思いました。

絵本を作ることを知った年長組のお母さん達は，原画展を行った際に保護者に呼びかけ，バザーを同時開催し，費用の足しにと収益を寄付してくださいました。

写70　絵本『アイビー』より

第3章

幼稚園・保育園における生き物飼育
— 子ども達は生き物に出会っているのか —

1　調査の目的と方法

　私は保育者となって45年の経験から幼児期の生活の中で生き物とかかわることが心の育ちに大きく影響すること，またその教育的効果を実感しています。

　しかし，自然環境が年々減少している現在，特に都市部では子ども達が生き物とかかわる事がますます難しくなってきました。そこで幼稚園，保育園で現代の子ども達がどのようにかかわっているのか調査を試みることにしました。

　とりわけ，園庭が狭かったり，または無い保育施設が増えている中，はたして園児たちがどのような自然体験をしているのか，保育者達はどのように考えて保育をしているのか，私自身の課題も見出すことができたら，と思いました。

　調査にご協力いただいたのは表3-1の園です。

　S区は自然に乏しい都市的環境，F市は自然が多少残る郊外住宅地，N市は農村的地域と，地域の自然環境に注目し3地域を対象としました。またS区の「幼保一体施設」は，同一敷地内に幼稚園と保育園があるもので分析は，「認定こども園」と併せて「こども園等」

調査の対象園	園数
東京都S区公立保育園	39
東京都S区公立幼稚園	6
東京都S区幼保一体施設	2
東京都S区認定こども園	3
東京都F市公立保育園	12
東京都F市私立保育園	18
東京都F市公立幼稚園	3
東京都F市私立幼稚園	14
新潟県N市私立幼稚園	8
合　計	105

表3-1　調査対象の地域と園

として扱います。

① 　調査期間：2013年7月～10月
② 　配布と回収：
　　S区はすべて公立施設であり，区に配布回収をお願いしました。
　　F市の公立保育園，幼稚園は市に依頼し，私立保育園，幼稚園には手渡しによる配布，郵送による回収。
　　N市の私立幼稚園については，配布を知人に依頼し郵送による回収方法です。

　以上のように質問紙の配布・回収については，地域，幼保，公私による違いがあります。これはスムーズな配布・回収の実施のためそれぞれの状況に合わせた方法を取ったためですが，このことが結果に影響を与えているかもしれません。

例えば，知人に依頼したN市については，対象が飼育に熱心な幼稚園に偏った可能性があります。サンプル数に偏りがありますので，都市部，東京郊外，地方を比較，検討する上では課題が残っています。

しかし，この調査から私が以前から感じていた幼稚園・保育園の生き物飼育の実態，地域性，また保育現場での飼育の位置づけ，それぞれの幼稚園・保育園保育者の飼育の捉え方，幼稚園と保育園の生き物とかかわることに対する意識の相違，問題点等をかなり明らかにすることができたと思います。

2 調査の結果

❶ 飼育の有無

まず，園で生き物を飼育しているかどうかを伺いました。結果は表3−2のとおりで，飼育している園が全体で88％になりました。幼稚園では97％が，保育園では83％で何らかの生き物が飼育されています。地域別に見ると，都市部S区において幼稚園・保育園ともに高い割合で飼育していることに注目し，後に述べたいと思います。

		園数	飼育している		飼育していない	
				％		％
S区	保育園	39	37	95	2	5
	幼稚園	6	6	100	—	—
	こども園等	5	5	100	—	—
F市	保育園	30	20	67	10	33
	幼稚園	17	16	94	1	6
N市	幼稚園	8	8	100	—	—
3地域	保育園	69	57	83	12	17
	幼稚園	31	30	97	1	3
	こども園等	5	5	100	—	—
計		105	92	88	13	12

表3−2　飼育の有無

❷ 飼育生き物の種類

飼育している園の場合どんな生き物を飼育しているのかは表3−3，表3−4−1〜3に見る通りです。

		園数	哺乳類	鳥類	両生類	魚類	昆虫類
S区	保育園	37	1	—	4	31	28
	幼稚園	6	4	2	4	6	3
	こども園等	5	2		1	3	3
F市	保育園	20	2	1	2	10	16
	幼稚園	16	6	6	6	10	8
N市	幼稚園	8	8	7	5	5	6
計（園）		92	23	16	22	65	64

表3−3　飼育生き物の種類別に見た飼育園数（地域別・施設種別）

哺乳類	モルモット	5	ウサギ	1		
鳥類	文鳥	1	十姉妹	1		
両生類	カメ	7	陸カメ	1		
魚類	メダカ	25	キンギョ	22	ザリガニ	12
	熱帯魚	7	コイ	1	ウーパールーパー	1
昆虫類	カブトムシ	26	チョウ	13	カタツムリ	11
	スズムシ	2	クワガタムシ	2	バッタ	1

表3−4−1　S区（48園）の飼育生き物

哺乳類	ウサギ	6				
鳥類	インコ	3	アヒル	2	ニワトリ	1
	ウコッケイ	1	チャボ	1	キンケイ	1
両生類	カメ	7	イモリ	1		
魚類	ザリガニ	7	メダカ	6	熱帯魚	5
昆虫類	カブトムシ	20	カタツムリ	3	チョウ	3
	ダンゴムシ	2				

表3−4−2　F市（36園）の飼育生き物

哺乳類	ウサギ	7	ハムスター	5	犬	4
	モルモット	3				
鳥類	インコ	6	アヒル	4	文鳥	3
	チャボ	3	十姉妹	2	ウズラ	1
両生類	イモリ	5	カメ	4		
魚類	ザリガニ	6	メダカ	3	キンギョ	2
昆虫類	カブトムシ	5	チョウ	3	カタツムリ	1

表3−4−3　N市（8園）の飼育生き物

東京S区の保育園，幼稚園で多かったのは魚類，昆虫類でした。（哺乳類は48園中7園）カブト虫は約5割の保育園，幼稚園で飼育されています。他の地域でも圧倒的に多く飼

われている生き物でした。

東京郊外Ｆ市の場合も36園中20園がカブト虫を飼っています。哺乳類は2割弱，鳥類が1割強，両生類が2割，魚類が5割，昆虫類が約6割となり，都内の園に近い飼育状況が見られました。

一方，地方Ｎ市8つの幼稚園は，いずれも哺乳類を始め鳥類，両生類，魚類とたくさんの種類を飼育していました。さらにＮ市の幼稚園では犬を含め，哺乳類が全園で飼われており，鳥類も9割と高い確率で飼育されていて，両生類は6割，魚類，昆虫類も7割強が飼育されているという結果になりました。

Ｆ市も他の郊外の市街地同様に現在急激に自然環境が減少しており，回答の中にも以前は飼育をしていましたが，様々な理由で動物飼育をやめた園が8園もあることから，飼育困難な状況が増えたり飼育活動への考え方が変化し，減少傾向が徐々に広がっているようです。

3　子どもの生き物へのかかわり方

園で飼育している生き物と子どもはどのようなかかわりをしているかを表3－5に整理しました。

		園数	見る	餌をやる	触る・抱く	当番活動	その他
Ｓ区	保育園	37	36	14	8	20	2
	幼稚園	6	6	4	4	5	—
	こども園等	5	5	2	1	3	—
Ｆ市	保育園	20	19	4	5	5	1
	幼稚園	16	13	6	3	7	2
Ｎ市	幼稚園	8	5	9	5	5	1
	計	92	84	39	26	45	6

表3－5　生き物へのかかわり方（複数回答）

※［その他］の内容は，担当の職員が餌やりや掃除をするときに一緒に餌をやる，絵を描く，指導の際に触れ合う，でした。

最も多かったのは「見る（観察する－を含む）」であり，92園中74園でした。

これは昆虫類を飼育している園に多く，またクラス担任と担任以外の職員と複数で世話をしている場合がほとんど（90件）でした。

また，実際に園児に餌やりや当番活動で掃除などの世話を経験させている園は，「見る」（観察する）の半分以下であり少なかったです。

また，必ずしも園児が見ている前で餌やりや掃除をするとは限らないことから，生き物が餌を食べたり，排せつを繰り返して生きている存在であることを子どもが理解しているかが気になりますが，この点は不明です。

●哺乳類と園児のかかわり方

多くの哺乳動物は他の生き物と違って子ども達が触ったり，抱っこしたりすることができます。

しかし実際に触れあう経験をさせている園は約5割で，子どもが生き物に直接かかわる体験をしている園はそれほど多くありません（または制限されています）でした。

幼児期の認知能力や心の発達から考えると，触って感触や体温を感じる事，餌をあげ食べる様子を見たり，臭いを嗅いだりする体験を通して対象を理解していく時期であるので勿体ないと思いました。

●多くの保育施設で行われているアゲハ蝶の飼育

一方，園内や散歩で多くの子ども達がアゲハの幼虫に出会い保育室に連れて帰り，羽化するまで飼育し，見守る経験をしています（34園）。

アゲハ蝶は短期間で成長，変化するため子ども達が飼育しやすく興味を持続しやすいこと，幼虫や成虫の美しさは生き物に苦手意識

を持つ女性保育者にも抵抗が少ないことが多くの保育園，幼稚園，小学校で取り入れている理由の一つだと思われます。

また，子ども達が小さな生き物を興味深そうに観察する様子を，温かく見守る多くの保育者の姿が回答に多く見られ印象的でした。アゲハ蝶を始め多くの昆虫は春から秋にかけて食草を求めて都会の高層マンションのベランダ等にも飛来し，産卵します。私の幼稚園でも園庭に柑橘系の樹木や，フェンネル，パセリ等蝶が好む食草をたくさん植えて，園児が蝶に出会える機会を作っています。

4　生き物の世話

●通常の世話は誰がするか

当然のことながら生き物を飼育する場合，餌やりなどのケアが必要です。

しかし，幼児達だけでは生き物を飼うことはまだ無理です。クラスの生き物は100％担任が世話を担当しています。

しかし飼育の数，種類が多いN市の幼稚園の場合，すべて担任と他の職員によって共同で世話を担当していました。

また，玄関，園庭等，共通の場所に置かれている生き物や魚類は，園長が（18園），主任が（12園）またその他の職員が担当していると回答した園が（28園）ありました。

結果，飼育活動は職員集団の協力のもと，行われていることが多かったです。

複数の職員が担当することは，多くの手や目が生き物に注がれること，担任の負担軽減に繋がることなど，生き物にとっても職員にとっても，継続飼育していくうえで重要な点の一つであると思います。

その他の内訳は，預かり担当，用務，専門業者，職員全員，隣の小学校の職員が巡回する，年長組の子ども達，です。園の生き物の種類や，数により，担当も様々でしたが，園全体の職員で飼育を支えている様子がうかがえました。

●休日，休暇時の世話

休日（土日）と長期の休日（夏休み，冬休み）の世話の状況を聞きましたが，同じような結果となりました。特筆すべき点は，休日の世話が必要な生き物，必要でない生き物がいることです。前者は哺乳類や鳥類，後者は昆虫類や魚類とがそれに当たります。

表3－6にみるように哺乳類や鳥類を飼っている園では，世話をするために園長が園に来る（12園），担任が園に来る，または，自宅に連れて行く（31園），主任が園に来る（9園），保護者が園に来る（1園），他の職員が幼稚園に来る（4園）でした。

これは公立，私立ともに幼稚園の回答に多く，幼稚園では主に園長，主任，担任が休日の飼育動物の世話をしています。

この理由として，

		園に来て世話をする				自宅に連れて帰る				その他
		園長	主任	担任	保護者	園長	主任	担任	保護者	
S区	保育園	2	2	4	—	—	—	2	—	30
	幼稚園	3	1	2	—	1	—	—	—	4
	こども園等	—	—	—	—	—	—	—	—	4
F市	保育園	1	—	2	—	—	—	1	1	14
	幼稚園	5	5	8	1	—	—	2	—	—
N市	幼稚園	1	1	6	—	1	1	6	1	2
計		12	9	24	1	2	1	11	2	54

表3－6　休日・長期休暇時の世話担当者（複数回答）

❶ 幼稚園は，休日も世話が必要な哺乳類のような生き物を多く飼育している。
❷ 園長が飼育活動を教育活動の中に位置づけており，職員も承知している。

また，担任が自宅に連れて行くという背景には，
☒ 担任が生き物飼育に関心がある，
☒ 持ち帰ることが比較的容易なコンパクトな生き物である，

ことが推察できます。

比べて保育園では，哺乳類を飼育しているのは5％で，休日の世話は，職員，区の巡回員に餌の補給を依頼する，業者に依頼などとなっています。

「その他」が一番多いのですが前日に餌を多めにあげる（26.4％），そのままにする（16％）などで，必ずしも休日に特に世話や餌をあげなくてもよい生き物（昆虫，魚類）を飼育している場合です。保育園に多く見られました。種類はメダカ，カブトムシ，カタツムリが圧倒的に多かったです。

5 飼育以外の生き物との出会い

次に飼育以外に園児たちが幼稚園・保育園で生き物と出会い，かかわる機会があるのかできるだけ具体的に場所や，かかわり方について飼育していない園も含めて尋ねました。

ある	101園
なし	1園
不明	3園

表3－7　飼育以外の生き物との出会い

「ある」と回答した中で，生き物と出会う場所と機会を尋ねました。その結果を整理したのが表3－8，9です。

		園数	園庭	散歩	遠足	移動動物園	その他
S区	保育園	39	25	15	7	—	—
	幼稚園	6	5	—	6	—	—
	こども園等	5	3	1	1	1	—
F市	保育園	30	13	18	9	9	1
	幼稚園	17	7	5	8	11	—
N市	幼稚園	8	3	2	2	2	3
計		105	56	41	32	23	4

表3－8　子どもが生き物と出会う場所（飼育以外）
［フリーアンサーを整理］

●飼育以外の具体的事例

散歩	・ムシ探し ・犬 ・ツバメの子育てを見る
園内	・昆虫採集 ・幼虫の観察
移動動物園	・年に一度，哺乳動物がやってきて餌をあげる
遠足	・動物園 ・水族館

表3－9　飼育以外の生き物との出会い

調査した105園中97園の子ども達が都市部や市街地，郊外，地方の全地域では昆虫や両生類等小さな生き物に出会っていました。

飼育活動をしていない園の子ども達も，園内外で，バッタ，カマキリ，セミ，ダンゴムシ，トンボなど多くの生き物に出会っています。日本は，都市部においても身近に昆虫や小さな生き物が生息しているので子ども達が日常僅かなスペースでも容易に小さな生き物を見つけることができます。

以前，メキシコの幼稚園の教師に聞いたところ，メキシコシティの子ども達は，生き物はサソリくらいしか出会わないとのこと，日本の子ども達の命に出会える機会の豊富さをありがたく思いました。

また，少なからぬ保育者が，子ども達が興味を持って生き物を見つめている姿を日常よく目に留めています。ある保育者は，見つけ

た生き物を子どもが「飼いたい」と言った時には，しばらく観察した後，元の場所に返すよう子どもに促していました。生き物を大切に扱う配慮を感じました。

また，出会いは公園，散歩道，水族館，動物園等ですが特に公園や散歩道での生き物の出会いはとても多く，犬や猫，ツバメの巣，メダカなどに出会う等，散歩の目的の一つになっているようです。

昨今，保育園がどんどん増えていますが，園舎のみの施設も少なくありません。散歩は自然や生き物に出会う大切な機会となっているのです。

散歩の時に，偶然生き物を見つけ興味を持った子ども達に対し保育者がどのように見守り，援助していくのかが非常に重要となるでしょう。

また，哺乳類を飼育していない多くの園で代替活動として移動動物園を利用していました。年に1，2回の移動動物園（21件）や動物園，水族館の遠足（80件）などを計画して動物に出会い，触れ合うための工夫がなされています。

6 生き物飼育で育つもの

生き物飼育の意義についてどのように考えているかを整理したものが表3－10です。

		園数	思いやり	人間関係	科学の芽	知識	その他
S区	保育園	39	35	18	27	28	4
	幼稚園	6	6	4	6	4	—
	こども園等	5	5	3	3	4	—
F市	保育園	30	19	9	5	16	4
	幼稚園	17	15	7	4	12	2
N市	幼稚園	8	7	2	3	7	—
	計	105	87	43	48	71	10

表3－10　生き物とのかかわりで育つもの（複数回答）

一番は，『思いやり』（87園）。子どもの心の育ちを期待し，弱いものにやさしく接する子どもが増えているという回答がありました。

次は，『知識』（71園），『科学の芽が育つ』（48園），生き物への興味が図鑑を見る，知的好奇心等，認知力を育むことに繋がるとのことでした。

さらに生き物を通して，仲間とのつながりや協力する気持ちが育つ『人間関係』を挙げる回答が多く見られました（43園）。

● こども達が生き物とのかかわりで育つと思われる保育の事例

このように多くの園で生き物飼育には意義があると考えています。

調査では，保育のどのような場面でそれを感じているか書いていただいたのですが，それを整理したものが表3－11です。

保育の様々な場面で，生き物飼育の意義を感じておられることが分かり嬉しく思いました。

第3章 幼稚園・保育園における生き物飼育　63

表3－11　生き物飼育で育つもの回答例

●思いやり，命の大切さ
①　ザリガニを捕まえられたときに嬉しそうな様子をする。
②　ハムスターの死後，お墓に1週間はお参りしていた。
③　命の大切さ，儚さを感じることができた。
④　キリギリスの餌にと，給食で出たスイカの赤い部分をきれいに食べて用意した。
⑤　4〜5歳児がオタマジャクシやカエル，ダンゴ虫の飼育を通して生き物の気持ちを考える姿が見られた。
⑥　年長組が卵から育てていたウーパールーパーが死んだ時，生き物には死が訪れること，命の尊さを知ることができた。
⑦　なぜ捕まえるのか考え，それなりの責任が生まれることに気づかせている。
⑧　蛹から孵った蝶の羽がうまく広がらず，みんなで「がんばれ！」と応援した。
⑨　支援児にとっての心の拠り所となり，保育に参加できた。
⑩　卵から育てたウーパールーパーの死を経験し，命の尊さを知った。
⑪　カブト虫を卵から成虫まで観察し，死んだ時「ありがとう」と言って土に返していた。
⑫　家庭から子どもがキャベツやニンジンなどを持ち寄る習慣がある。
⑬　生き物の飼育を通して相手が喜ぶ方法を考え行動する姿が見られる。
⑭　友達同士の会話や接し方など情操が豊かになる。他人に対して善悪，いたわりの気持ちが育っていく。
⑮　死を見ることで命について話す良い機会となっている。
⑯　アゲハの幼虫を見つけ，狭い室内ではなく広いところで飛んでね，とお別れ式をして逃がし共感し合っていた。
⑰　ウサギの死により，命の大切さ，生き物への感謝の気持ちが育っている。
⑱　オタマジャクシやカエル，ダンゴ虫を飼育し，どうすれば生き物にとって良いかを考える姿が見られた。土が乾いているから濡らしてあげようと気づいていた。
●人間関係
①　不安定だった幼児が動物といることで安定し他の幼児とも触れ合う機会ともなった。
②　ザリガニの卵を小学生からもらい育てる中，小学校との交流が生まれた。
③　カブト虫を糞の始末，餌やり等成虫になるまで世話をし，仲間関係が深まった。
④　昆虫が苦手な子も仲間と楽しみながら徐々に慣れていき，触れることができた。
●知識，生態
①　幼虫から蛹，成虫になる様子を観察し，成長の様子や不思議さを実感できた。
②　散歩で見つけたカタツムリを自分達で飼おうと世話の仕方を調べ行っている。
③　生き物から「どうして？」，「不思議だな」，「調べてみよう」と生態を知ることができた。
④　ミミズをよく見て卵を持っていることに気づいた。
⑤　「先生，葉っぱが枯れてきたよ。」「人参食べると，ニンジン色のうんちするんだね」
⑥　盲導犬を見て「〇〇はお仕事してるんだよね」「目が見えないから連れてるんだよ」
⑦　カマキリがバッタを食べるところを見て生きること，食べ物に感謝の気持ちを知った。
⑧　アゲハ，カブト虫が成虫になる過程を見て，生き物と関わる難しさや楽しさを知る。
⑨　ザリガニの共食いを見て調べた結果，餌が少ないとわかった。
⑩　捕まえた蝉の中に元気のある蝉とない蝉を不思議に思う子どもの観察力。
⑪　庭にミカンや山椒の木を育て，アゲハの幼虫を育てる。
⑫　プランターに植えたキャベツでアオムシを各クラスに分けてみせる。
●科学の芽
①　残念な結果になった時みんなでどうしたらよかったか話し合うチャンスとなった。
②　カブト虫が卵を産んだのを見て，子ども達が命の循環に感動していた。
③　卵が産まれたときなど本で特徴を調べていた。
④　ウーパールーパーが死んだ時，自分たちの行動を振り返り原因を考えていた。
⑤　アゲハの幼虫が蝶になっていく過程を観察，飼育の楽しさや難しさが判った。
⑥　保育者自身が飼い方を本やインターネットで調べることで良い勉強になっている。
⑦　生き物に出会い，図鑑や本で知識や原因を探る力が育った。
●その他
①　入園直後，不安な4歳児が亀に興味を持ち，楽しみに登園できるようになった。
②　5歳児がアゲハに興味を持ち図鑑で調べ皆に教え，一目置かれ，自信が生まれた。
③　初めは潰れた蟻やダンゴ虫を加減しながら捕まえられるようになった。
④　園長が毎年スズムシを羽化させ，各クラスから鳴き声が聞こえ，愛着を感じる。
⑤　ダンゴ虫の集団を見て自分の家族にあてはめていた。
⑥　生き物を見ている姿は優しさに溢れている。
⑦　叱られたり失敗して落ち込んだ子が金魚に話しかけて気分転換している。
⑧　ウサギが人参を食べる様子を見て，野菜嫌いな子が自ら少しずつ食べるようになった。

事例から言えるのは，ほとんど継続的に飼育されている生き物とのかかわりから生まれたエピソードで散歩や触れあい動物園等の事例は少なかったことです。

日常子ども達の身近に常にいる生き物だからこそ，このような事例を保育者が受け取れるのでしょうか。

一方，散歩などで偶然出会うであろう生き物に子ども達は，どんな印象を残しているのか，今回の調査からはあまり明らかになりませんでした。散歩などで出会った生き物が子ども達の心を捉えていても，そばにいる保育者が子どもの心の動きを見逃しているかもしれません。

保育者は，偶然出会った生き物が子ども達にどう映り，印象に残るのか，注意深く見守ることで，子ども達が知的好奇心の探求，生態の知識，命ある存在への共感など，たくさんの育ちを期待することができるので，子どもが満足するまでじっくり観察させてあげたいものです。つまり保育力が試されるのです。

7　生き物飼育の困難性

回答から多くの保育者は，子ども達の育つ過程で生き物とかかわることは良い点があると考えています。

ところが実際に飼育活動をしている園はそれほど多くないのです。

この理由は次の回答でより具体的に明らかになります。飼育活動を行う上で園管理者，保育者の生き物や飼育に対する考え方が大きく影響するので，特に生き物と接触経験がない保育者や保護者，管理者は飼育が難しいと思います。

実際に飼育が困難とする理由の項目に衛生，アレルギーの問題をあげている回答が多くあり，特に保育園ではその意見が強くあり，保護者から感染の心配が寄せられ，園でも制限する傾向が見られています。

また，過去の辛い飼育経験が現在の飼育の制限につながっている園も少なからずあり，飼育の大切さは十分に理解するも，様々な理由で継続的な飼育は難しいという回答が心に残りました。

表3－12には，実際の事例を記述していただいたものです。

表 3 − 12　生き物飼育の困難性

●場所の問題
① 園舎が狭く，飼育する場所がない。
② 動物などは世話，鳴き声，臭いなどで飼えない。
●飼い方の問題，行政，職員の意識
① 幼稚園，保育園で飼育に対する考え方が違い統一されていない。
② 昆虫の扱いがうまくできない子どもは，高いところから落としてしまう。
③ 休みの時の掃除ができない。
④ 保育士の資質が飼育活動に大きく影響するので命を扱う覚悟を持つべきである。
⑤ 病気の対応に困った。（複数）
⑥ 生き物が苦手な子どもに飼うことの意味を伝えきれなかった。
⑦ 公立保育園は一定のルールがあり飼育を職員が単独で判断できない。
⑧ 以前休日のインコ飼育をボランティア出勤し大変だった。
⑨ ウサギやモルモットなど触れて育てるものを飼いたいが，現在昆虫，水の生き物以外は飼えない状況にあるのが残念。（複数）
⑩ 教師自身が知識を持ち，生命を意識し関わっていく姿がないと，幼児の思いやりや学ぶ力につながっていかない。
⑪ ウサギ小屋の網を破られ，犬を放されたことがあり飼育をやめてしまった。
⑫ 何故飼育するのかわからない。
⑬ 最期まで飼育することは難しい。
⑭ 職員が飼育の世話まで手が回らない。（複数）
⑮ 職員に飼育の苦手意識がある。（複数）
●死
① 年末や年始に動物が死んだ場合保管や処理に困った。（複数）
② 休日に生餌をあげられず死んでしまった。
③ 宿泊保育の2日間に金魚が全部死んでしまった。
④ 金魚に名前を付けて可愛がっていたのに死んでしまい園児ががっかりしていた。
⑤ 夏休みに職員が交代で虫の世話をすると，引継ぎがうまくいかず死んでしまった。
●世話の仕方
① 幼虫や，卵が増えたときにどうしたらよいか困る。
② 子ども達の希望で飼育を始めたが方法を間違え死なせてしまい，子ども達もあきらめ次の意欲関心へと繋げることが出きなかった。
③ 長期休みの時の世話に困る。（複数）
④ 長期休みの時関心のない職員の場合，世話が難しい。
⑤ ウサギが5羽いて病気の時に職員の対応が大変だったため，増やさないようにしている。
●費用
① ウサギの病気の費用をどこから出すか困った。
② 餌代などは，担当の負担になってしまう。
③ ウサギが増えすぎ経済的に大変である。
●衛生の問題
① カタツムリの持っている菌を心配する保護者からの意見で，触らせることを禁止し，見るだけにした。
② 野生のコウモリを飼いたいと希望する子どもに衛生上問題があることを伝えることが難しかった。
③ 鳥インフルエンザが流行ったとき，鶏の飼育で大変困った。
●アレルギーの問題
① アレルギー体質の子どもが多く，飼えない状況がある。
② 動物園での遠足で，触れ合いコーナーには行けず，配慮が必要である。
③ 何でもない幼児が突然アレルギー症状を起こした。
④ ウサギ小屋の掃除で職員の喘息が悪化，園児も喘息の子どもが増えたため対応に困った。
⑤ 食物アレルギーの園児が多いため，飼育は難しい。
⑥ 動物アレルギーの子どものことを考え慎重にならざるを得ない。

　幼稚園，保育園ともに衛生問題やアレルギーの問題はとても切実であるという回答が非常に多かったことが印象に残りました。特に保護者から心配する声が上がり飼育をやめざるを得なかったという報告もありました。また保育者の意識をどう高めていけばよいのか悩む管理者も多く，担任はクラス運営で手いっぱいで飼育活動まで手が回らないという

保育園園長からの感想もありました。

　以上の結果から飼育動物の種類には，保育園，幼稚園で違いがあることや，生き物飼育への考え方や方法に違いがあることがわかりました。

　また，休日の飼育物の対応の違いからも公立と私立，幼稚園と保育園では勤務システムの違いが見えてきて，どちらが良い，悪いということは一概に言えませんが，生き物飼育の目指すものがかなり違ってくるのではないかと思います。

　また，保育園では飼育活動が制限されているという報告がありました。

　その理由として，
- ❶　アレルギーを持つ園児がいて哺乳動物とかかわることができない
- ❷　衛生上の理由，職員の関心が低い
- ❸　仕事が忙しく飼育まで手が回らない
- ❹　休日の世話ができない
- ❺　飼育する意味が分からない
- ❻　死んだときに困る

等の回答がありました。

　生き物飼育の困難性―飼育をしない理由から，今回の調査で生き物飼育をしていない園が13園ありました（表3－2）。そのうち以前は飼育していたが現在はしていない園は10園あり，以前も現在も飼育していない園は3園でした。

　以前は飼育していたが飼育をやめた理由として，
- ❶　死んだ（7）
- ❷　逃げた（1）
- ❸　その他（2）
　　（アレルギーを持つ子どもがいる）
　　（元いた場所に戻した）

と，回答がありました。

死をきっかけに飼育をやめた園はその内容を次のように述べています。
- ❶　長期の休みも世話を続けねばならず生き物がよほど好きな職員がいないと難しい。（複数）
- ❷　飼育する意味が分からず，最後まで飼育するのが困難である。
- ❸　職員に飼育の苦手意識がある。
- ❹　餌代や，病院の費用の負担が大きい。

　地方のN市の幼稚園でも飼育活動が減少しているようで，都内や都郊外の幼稚園，保育園でも多くの幼稚園，保育園で飼育活動を続けることに困難な状況が少なからずあるようです。

　また，以前も現在も飼育をしていない園は次のように回答しました。
- ❶　職員の気持ちが一つにならないと飼育はできない。
- ❷　職員が飼育まで手が回らない。
- ❸　園庭がなく，動物飼育ができないのが残念である。

　この回答から飼育物を実際に育てるのは保育者であるので，保育者が生き物に愛情を感じ飼育の意義を持って世話をしなければ飼育はうまくいかないこと，そしてその保育者の意識を育てることの難しさを管理者が感じていました。

　私は以前，園庭やベランダ，テラスが全くない室内のみの園（0歳〜2歳児）を見学しましたが，このような条件のもとでは哺乳動物の飼育はまず難しいと思いました。

3　飼育調査から見えてきたもの

❶　幼稚園，保育園の生き物飼育についての意識の差

　幼稚園，保育園等（計105園）の保育現場からの回答で特徴的な点をいくつか挙げて分析を試みました。この調査から幼稚園，保育園の生き物飼育の実態，地域性，保育の中で生き物とかかわりの位置づけ，生き物飼育の考え方，さらに幼稚園と保育園での生き物飼育に対する意識の相違などが浮き彫りになりました。

　全体から見て，保育施設では継続的な生き物体験が豊かに行われているとは言えません。また，生き物とかかわることの価値は理解しながらも各園の置かれている事情や保育者集団の意識，体験にバラつきがあり，また保護者の意向に影響される等，様々な課題が見えてきました。特に現在，待機児童解消政策などで保育園が増えていますが，園庭のない施設も多く，日常生き物に出会う空間が施設に少ないことが分かりました。

　本調査では飼育の状況に幼稚園，保育園で大きな差が見られました。
　一年を通して継続的に飼育が行われているのは幼稚園が比較的多く，様々な種類（哺乳類，両生類，鳥類，魚類，昆虫類等）の生き物が飼育されていました。
　幼稚園教育要領には，環境を通して命の教育を行うとする位置づけで生き物飼育活動が謳われています。実際に多くの幼稚園では休日にもケアが必要な哺乳類や，鳥類などの動物も飼育されていて，園長，担任をはじめ複数の職員が連携し生き物の世話に携わっています。多くの幼稚園の園児達は，日常的にそれらの生き物を見たり触れ合う経験をする機会をたくさん持っています。「カマキリが生きたバッタを食べるところを見て，生きていくこと食べ物に感謝することに気づいた」，「不安定だった幼児が動物といることで安定し仲間と触れ合うことができた」など教育効果があったことが報告されています。

　一方保育園では，ある保育士の回答に「動物は，世話，鳴き声，臭い等の問題で飼えない」とあるように，地域や環境により飼育条件が限られるケースや「以前休日にインコ飼育のボランティア出勤し大変だった」，「長期休みの時の世話に困る」，ある保育園園長の「生き物飼育まで手が回らない」等否定的な意見が多くありました。また乳児のみを受け入れている認可保育園では，園庭やベランダ等がなく飼育等が不可能と回答する施設も少なからずあったことからスペースの問題も大きいようです。

　さらに幼稚園の保育者と保育園の保育者とでは，飼育に対する考え方が相当違います。それは，保育園，幼稚園のシステムの違いや各保育現場の置かれている状況の違いが大きいことが背景にあります。飼育活動は養護を大きな役割の一つとする保育園の目的に合わない，という回答もありました。ただし，昆虫飼育は，幼稚園，保育園ともに受け入れられています。

❷　昆虫飼育の長所と限界

　長時間保育園にいて，一日の大部分を集団で生活する子ども達だからこそ継続的に生き物にかかわることが大切であると思います。
　特に，現在待機児童解消政策などで保育園が増えていますが，それらは園庭のない施設

も少なくありません。これらの園において生き物とかかわる機会の一つに日常の散歩が考えられます。調査でも散歩は，自然や生き物に出会う大切な機会の一つとなっています。

調査の結果を見ると90％の幼稚園，保育園が日常的に散歩を行っています。

春から秋の時期，様々な昆虫や虫に出会うことができ，散歩の時にどの地域においても生き物と出会っています。飼育活動が苦手な保育者も継続的な飼育活動はしないが，散歩による定期的な生き物との出会いを子ども達がとても楽しみにしていることを知っていて，子どもが生き物と出会うことを温かく見守っています。

散歩，園庭，畑で偶然見つけた生き物に対する子どもの喜びを保育者やクラスの仲間と共有し，子どもの興味，探究心を活発にし，生態を知るなど科学の芽を育てることにも繋がっていくことが期待できます。

生き物飼育を行っていない幼稚園，保育園において昆虫や虫や他の生き物などの生き物は，幼児にとって貴重な生き物との出会い経験の一つになっているようです。

春から夏にかけて活発に活動する昆虫類

写71　あおむしにグミの実あげたよ

は，周年世話が必要な哺乳類や鳥類，両生類などに比べ，比較的短期間に成長変化の様子を見ることができ，幼児の興味関心を集めることができます。

施設の規模にかかわらず生き物に出会うことができます。ただ扱いに繊細さが求められるため，ほとんど見る（観察する）ことが中心になり，種類にもよりますが，子ども達のかかわりは，限定されることは否めません。

ただし最も多く飼われているカブトムシを例に挙げると，活動期は春から夏に限られるので昆虫類のみを飼育している園の場合，冬季は生き物とかかわれない時期となります。

「散歩で捕まえた生き物をしばらく見た後，元に戻すことにしている，アゲハの幼虫を羽化させ，空にみんなで放した」等，一時期の間飼育し元の場所に戻すことが多くの園で行われています。

毎日必ずしも世話が必要ではなく，短期の休日などは餌を多めにあげたり，そのままにしておくことができるため管理が容易であることも，多くの保育施設で飼われている理由の大きな要因であるようです。

昆虫に出会う経験が子ども達へどのような育ちに繋がるのか考えてみました。

❶　見る（観察）が中心の昆虫，魚類とのかかわり

虫の種類や数が以前より減少したという報告[①]がありますが，それでも夏は市街地でも蝉の大合唱を聞くことができるし，地面をよく見れば様々な虫や生き物が動いていることに気づきます。また「見る」回答が多かった他の理由として，子どもに無暗に生き物を触らせない，生き物を大切に扱おうとする保育者の配慮も感じました。

もちろん体が大きい生き物も，小さい子どもにとっては学習が必要ですが，繊細な昆虫

類は，さらに大人のサポートが必要です。

❷ 飼育のしやすさ

食草を求めて飛ぶ草食昆虫や小さな生き物を捕食している肉食昆虫などは，見つけやすく短期間に変態する様子を見ることができ，死んでも代わりを容易に見つけられます。

また，飼育期間が限定されている昆虫類は，気温の下降と共に卵や蛹の状態で越冬したり土に潜るなどして子ども達の前から姿を消してしまいます。そのため継続飼育経験をするのは難しく，命を感じる機会が哺乳類や鳥類，両生類などに比べ少なくなるように思います。

なお魚類も「見る」ことが中心となります。触る行為そのものが魚類の命を縮めることになり，集団生活では，工夫が必要な生き物と言えるでしょう。

ただ最近知人から教えてもらったエピソードは，魚類でもコミュニケーションが取れる好例で私は「目から鱗」の思いがしました。

① 小学生の子どもを持つAさんが家で飼っているキンギョの餌をあげる時，手を叩いて呼ぶと，必ず近寄ってきてとても可愛いそうです。

② 熟年のKさん夫婦は，メダカやキンギョを飼っていて産卵シーンを何度も目撃し，雌が卵を産むとき雄が応援するように周りをぐるぐる回っているのを見て感動していることを教えてくれました。

❸ 生き物の種類・地域の差によるかかわりの工夫

今回の調査では，園児が餌をやったり，掃除などの世話を経験させる園は，見る（観察する）ことに比べ半分と少なく，実際に触ったり餌をあげる等，生き物が生きている実感を味わうような体験はそれほど多くない（または制限している）ようです。

哺乳類や，両生類，鳥類の飼育で感じるような体温，鼓動を感じる，目が合うことなど応答的なかかわりを昆虫や魚類から求めるには，ある程度の工夫が必要になると思いますが，与えられた環境の中でできる範囲で飼育を考えていってほしいと思います。

今回，都市部と都郊外2か所の保育園を比較すると，自然環境があまり豊かではない都市部S区の保育園の保育士達が，子どもが生き物とかかわることにとても肯定的であることがわかりました。

公立は，郊外のF市と同様に勤務のシステムにより，休日の世話ができず哺乳類が飼えない，と回答にありましたが，同時にできる範囲で生き物を子ども達に見せたい，子どもの喜ぶ顔を見たいと願う保育者の姿も浮かび上がってきました。

比べてF市の保育園は，公立・私立共に生き物飼育に対して消極的な回答でしたが郊外のF市は地域に生き物が生息する場所がまだ残っていて散歩等で生き物に多く出会うので保育者があまり危機感を持っていないと思われました。

写72　池で集めたヤゴ

4 子どもが命を感じる体験をするために

保育園，幼稚園に限らず私たち保育者は，すべての子ども達が身近な小動物にかかわることを通して，いたわりの気持ち，やがては命の尊さに気づかせる等，心を育てることの大切さを育みたいと思う気持ちは共通であり重要な教育目標の一つであることは間違いないでしょう。

子ども達の手に握られた小さな生き物を見て，大人は間違っても「きゃあ，なにこれ，捨てなさい！」と騒ぐのではなく，「この虫，どこにいたの？何を食べるのかしら？」等，科学の芽が育つような働きかけができる保育者であり親でありたいものです。

● 命の大切さを育む物的，人的環境を整える

最近，園庭がない都市部のH保育園で散歩中に一人の子どもが見つけた「クモ」をきっかけに様々な遊びに発展した事例を聞きました[2]。庭が無くても，近くの公園や道端で豊かな生き物との交流ができること，子どもの見つめる先を温かく見守る保育者の慧眼に頭が下がりました。このような保育者がたくさん増えてほしいと願っています。

保育現場や保育者養成機関において，生き物とかかわるためのスキルを向上させる機会を増やせたらと思います。必要に応じて専門家の指導を受けながら飼育を経験したり生き物に出会う意義や方法を確認することは，弱者や他者と共生するためのヒントも見いだせるのではないでしょうか。もしも園長，担任をはじめフリーの職員や保護者が，子どもが生き物に興味を持った時に注意深く受け止め，共感し，必要な援助ができる存在になれたら，子ども達はきっと他の生き物と寄り添って生きる人間へと育っていくでしょう。

私の幼稚園では，獣医師による定期的な診察，相談を飼育活動に位置づけています。「○○は体重が少し落ちているからたくさん食べさせてください」「××は，高齢だけど元気が良いからこのままで大丈夫ですよ」専門家である獣医師からの助言は，保育者に安心感を与え，子ども達は様々な知識や信頼感が得られます。可能な時には子ども達もできるだけ診察に立ち会い獣医さんの仕事を見学させてもらっています。

生き物とかかわることが子どもの心の育ちに繋がるという確信は，専門家によるサポートを受けることでより強いものとなりました。

飼育経験が乏しい園長や保育者，また保護者の意識を変えることは簡単ではないとは思いますが，生き物を見つめる子ども達の輝く表情や自身の経験から実感していることを機会あるごとに伝えていくことが，私のこれからの課題となりました。

写73 虫のお友達を呼ぼう ── 色画用紙で虫を作る

● 注
① 池田晴彦『虫捕る子だけが生き残る』小学館 101文庫 2008
② 「鳩の森保育園」の実践報告より
2017年5月29日にソニー幼児教育支援プログラム「優秀園実践提案研究会」（於；あおい第一幼稚園）がありました。あおい第一幼稚園も優秀園として助成され，この日2園が一緒に報告しました。

第4章 共に生きるために

1 自然は美しいことばかりではない

　ここ数年，温暖化や様々な自然災害が日本列島に襲いかかってきています。台風，洪水，地震など日本各地で大きな被害がみられ，たくさんの人々が生活を脅かされています。

　地震や洪水が起きるたびに人間がないがしろにしてきた地球や大地の怒りを感じるのは私だけではないでしょう。日本は歴史が示す通り世界でも有数の災害多発国であり，繰り返し天変地異が起こり，そのたびに人々はどん底から這い上がり自然と共に他の生き物と共存して生きてきました。毎年台風が襲い草木をなぎ倒し洪水が起きます。地震や火山の噴火で山は崩れます。

　でもしばらくすると破壊された地肌に植物が戻ります。日本の森は壊れても壊れても復元する強靭さを持っており，世界で最も回復力が高いのだそうです。

　日本の森が元気なのは昔から人間の手で守ってきたからで，日本の森はほとんどが人工の森で白神山地や，屋久島も人の手で作られたのだそうです。

　ところが，手入れをしなくなった日本の森は今荒れ始めています。それを表す一つのバロメーターが土砂災害なのです。

　これは子育てにも当てはめることができます。「手をかけて，手が離れたら目をかけて，目が離れたら心離すな」乳幼児期には手をかけて，学童期には目を，青年期には心離さないで雨にも風にも負けない子ども達に育てなくてはなりません。でないと日本の森のように子ども達がたいへんなことになってしまいます。

　自然は私たちの生活にたくさんの恩恵をもたらしてくれています。日本の伝承民話や昔話には，自然界と人間の境がなく，動植物や山川草木が一体になった，自然のおおらかさや厳しさが内包された物語が多く伝えられています。これを読んだだけでも日本人が長い間自然界と共に生きてきた民族であることが良く分かります。現代ほど人間が自然から遠

写74　**手作りアスレチック** ── 園庭の樹木を剪定し，枝を組んで遊具に

のいた時代はなかったのではないでしょうか。自然を克服しようとする西洋の文化と違い，自然界のあらゆるものや現象に命が宿ると信じ畏敬の念を持って謙虚に生きてきた日本人の未来を受け継ぐ子ども達を，今後どのような環境で育てるかを真剣に考えて行かなければなりません。

そのために，それぞれの置かれている環境の中で大人自身が自然の一部であることを自覚し動植物，山や川，海，土，水など自然界のあらゆるものに接する機会を増やす努力をすることで，自然の素晴らしさと厳しさを理解し自覚する日本人を増やすことができていくのではと思います。

学校を始め，幼稚園，保育園で生活するたくさんの子ども，それを取り巻く保護者，教師，保育者と共に生活の中で身近な自然を感じ自らが自然の一部であることを自覚して謙虚に生きることができるなら，私たちが地球に存在する意味があると思います。

写75　落ち葉で遊ぶ

2　保護者はどう考えているか

❶　あおい第一幼稚園保護者の感想

自然とかかわる保育を積極的に行ってきた私の幼稚園の年長組保護者に自然とかかわる保育への感想を聞いてみました。（2013年3月，回答数47）

表4－1　幼稚園を卒園するお子さんにどのような成長の様子が見られますか。（複数回答）	
子どもの成長の様子	％
①　自然への興味・関心が増した	85.1
②　感性が豊かになった	61.7
③　自然を見る目が育った	65.9
④　自然とかかわって遊ぶことを楽しむようになった	68.0
⑤　変化なし	0
⑥　その他 「その他」の内容 ・入園してから虫を平気で捕まえられるようになった。虫を怖がらなくなった。（4） ・生き物や自然，仲間に興味，探究心が増した。（3） ・動植物の描画造形表現が子どもらしくて良い。 ・虫や生き物に詳しい父親とのかかわりが増えた。 ・自然のものを工作に活かし楽しんでいる。 ・子どもからの影響によりアウトドア・ライフの機会が増えた。	23.4

第4章 共に生きるために

表4-2 お子様に自然とのかかわりの大切さをどのように伝えていますか。

	回答数
・親子で虫や植物にかかわることを楽しんでいる	5
・海やキャンプに積極的に連れて行っている。自然の素晴らしさ，怖さも含めて	6
・人間や動物は自然の恵みにより生きていけるのだということ	3
・毒を持った虫に気をつけさせている	1
・無駄な殺生をしないように	1
・外で過ごす時や本を見る時，季節の変化，動物の生き方など話したり調べたりする	1
・メダカを飼い，野菜を一緒に育てて，変化を感じ取れる環境を作っている	3
・直接教えたことはない	9
・季節の変化を体験すること，その中で命の大切さを感じさせ学ばせたい	5
・動植物には命があり，大切にする	4
・四季や生命力を感じさせてくれるのが自然である	1
・人間は自然の一部であること	1
・自然への感謝，自然災害の対応	1
・動植物の気持ちを代弁して親子で会話を楽しんできた。月や星も一緒に眺めている	1
・太陽や水，植物があること，動物の命を絶って人間が生きていること	2
・生活のあらゆる場面において自然とのつながりを伝えるようにしている	1
・命には終わりがある。大切にしよう	2
・季節の変化を動植物，旬の食べ物と出会ったときに伝えている	2
・小さな生き物にも目を向けさせたい	1

表4-3 保護者にとって自然の価値とは。

	自然とかかわる価値	回答数
①	生きていく力	9
②	自然が減少しているのでより価値が高まっている	2
③	たくさんの経験を通して感性を育ててくれる	10
④	豊かな情緒	3
⑤	心の安定	4
⑥	心身の成長	6
⑦	命の大切さ	5
⑧	思いやり	1
⑨	感謝する気持ち	2
⑩	大切なもの	2
⑪	生かされていること　命のバトン	1
⑫	知恵	2
⑬	人間が自然の一部であることを知る	1

表4-4 子ども時代に飼育していた生き物は？

	種類	人数
①	犬	14
②	猫	15
③	ウサギ	4
④	ハムスター	5
⑤	二十日鼠	2
⑥	亀	3
⑦	鳥類	11
⑧	昆虫類	6
⑨	魚類	12
⑩	その他	9
	飼育していなかった	11

表4-5 動物の存在が，ご自身に与えたであろう影響

	かかわりによって得られたもの	回答数
①	人や物をいたわる気持ちが育った	2
②	弱い存在を守る気持ち	3
③	責任感	3
④	死に向き合う	1
⑤	生物の多様性	1
⑥	動物にも命や気持ちがある	2
⑦	命の大切さ	4
⑧	命の期限	2
⑨	成長の喜び	1
⑩	察すること	2
⑪	心が和む	2

表4-6 自然とかかわる保育へのご意見，ご要望

	保護者の感想とご要望	件数
①	・動植物とのかかわりが希薄になりつつある現代に自然や生き物と触れ合うこの取り組みを強く支持する ・命の大切さはもちろん発見や驚き等科学への関心も芽生えると思う ・自然があっても気付かないと何も得られないが，保育者のサポートによりたくさんの好奇心が生まれて毎日楽しそうだった ・自然の中でお友達と過ごし人や物を思いやる心が育ってくれるのが一番だった ・モルモットやウサギがどのように抱っこされると嬉しいか，と相手の気持ちを考えることが育っているのを嬉しく思う ・優しい子どもに育ったのは自然とかかわる保育のお蔭だと思う	35
②	もっと積極的にやってほしい	1
③	裸足で歩いても危険がないように	2
④	手洗いの大切さを教えてほしい	1
⑤	寒い季節ならではの遊びの充実	1
⑥	放射能検査は必須	1
⑦	科学の心と共にファンタジーの心も育んでほしい	1
⑧	大人も園で自然とかかわりたい	1
⑨	自然とかかわる保育がなぜ大切なのか明確な情報提供があると良い	1

❷ 新潟市の幼稚園保護者の意識

また、知人の協力で新潟市私立H幼稚園保護者に、自然とかかわる子育てに関する調査をしました。（回答数153）

表4-7　家庭でのお子さんにどのような自然体験を用意されていますか。（複数回答）

自然体験への促し		
A	自然への興味関心が高まる体験をさせている	87
B	自然を見る目が育つように気を配っている	67
C	あまり考えていない	26

表4-8　A自然への具体的な体験内容

山登りや緑豊かな公園、高原、野原、海、川、湖、森に行く	41
家庭菜園や、田畑、収穫体験や四季の食べ物に触れる	17
庭や戸外で季節を親子で感じ、遊び、言葉で表現	13
虫探し、釣り	12
植物、気象、鳥、昆虫観察・虫を興味を持って観察	8
とにかく外で遊ぶ・自由に泥んこ遊び	4
動植物の飼育、栽培	3
自然科学館に行く	2
自然豊かな幼稚園を選んだ	2
雑草で遊ぶ	2
山菜採り	1
小動物と触れ合う場所に行く	1
季節を感じる絵本	1

表4-9　B「自然を見る目が育つように気を配る」の内容

家族で季節の（木、花、虫、空、雲）等に目を向けさせ遊んだり調べる	32
植物の季節ごとの変化を一緒に感動する	6
動植物に触れ合い昆虫を育て関心を持つ機会を設けている	5
海、登山、スキー、畑、森、自然公園、釣りに連れて行き遊ばせる	5
夕日、月の満ち欠けや星を眺め話す	4
家族で親が感じていることを子どもが興味を持つように話し伝える	3
野菜や花を一緒に育て生長の様子を見る	3
自然の中で自由に過ごさせる	1
四季の波の様子を見せる	1
月見団子を作る	1
自然の絵本の読み聞かせ	1
自然の生き物を否定しないように伝えている	1
泥遊び	1
身近な生き物の生死	1

表4-10　C「あまり考えていない」の内容

豊かな自然の中で十分に生活しており意識していない	13
あえて取り上げる必要性を感じない	2
生活に追われて余裕がない	1
無機質にならないように気を付けている	1
特に気にしていない	1
それも自然でよい	1
興味があれば話しているが強制はしていない	1
農家なので勝手に外で遊んでいる	1

表4-11　保護者の皆さんにとっての自然の価値は？

情　操		
	心、感性、感受性を豊かに育んでくれるもの	21
	心が落ち着き、洗われ、ストレスを解消させてくれる	10
	自然の厳しさや、美しさ、不思議さを体で感じること	2
	自然を感じる事は、子どもの社会性、協調性の育ちにもつながる	1
	子どもが自然と触れ合う機会が減っているので親から自然の良さを促す必要がある	1
	おおらかでやさしい気持ちの子どもに育つ	2
	想像力を豊かにしてくれる	1
	子どもの素の表情が見られる	1
教　育		
	命の大切さを学ぶ大切なもの	3
	疑問を持ったり、自ら発見する力を育てる	1
	季節を知り、工夫したり仲間と協力し体力、知力を養う	3
	五感を育てる最高の教育書、自ら学ぶ機会が多い	3
	子どもと一緒に体験する価値のあるもの	1
	子どもの成長や人間の生活にとってなくてはならないもの	12
	何物にも代えがたい大切なもの	4
	大切で楽しい思い出を残してくれた、大人になってからも大切	2
	自然に触れる機会を通じて生き物への興味を持つことにつながる	1
	心身の成長、成長の要	5
	自然の素晴らしさ大切さ、敬う心を子どもに伝えていきたい	1
	無限の遊び方があり。子どものために良い	2
	空気を吸い、食べるものを作り、生きる過程を学ぶ	1
	健全な指針の基礎	1

環境保全	
・美しい自然を人間が守り残していかねばならない	1
・自然は時代や場所，人間の在り方で変化する	1
・自然，動植物との共存。自然は人間を守り，人間は自然を守らねばならない	6
道徳観	
・命そのもの，源，大事にするべきもの	6
・自然現象には逆らえないことを教えてくれるもの	1
・感動がある，誰もが戻っていく場所	1
・人や生き物の為に神様が造った宝，恵み	3
・新潟の豊かな自然に感謝する機会を与えてもらっている	2
・今の幼稚園は自然が豊かで子どもに良い影響を与えてくれている	1
・自然あっての人間であり，地球を守っている	2
・生かされている，時に厳しい試練を受ける	4
・お金じゃ買えない尊いもの	4
・人間は自然の一部であることを実感すること	5
・自然そのものが価値	1
・人間を含むすべて	1
・未来に残したいもの	1
・当たり前であって当たり前でない大切なもの	2
・生きる為に大切	1
その他	
・健康であること	1
・自然の中で生活しているので考えたことがない	3
・質問が難しくてわからない	3

表4－12　子ども時代の環境は？		
①	豊かな自然環境	92％
②	自然が乏しい環境	4％
③	不明	4％

　この調査を行って，新潟市の幼稚園保護者と私の幼稚園の保護者の共通する点と大きく異なる点があることが分かりました。

　私の幼稚園の保護者は，現在，自然とかかわる経験が不十分であることから子どもが自然とかかわる意義を強く感じ，園の保育にも期待感を強く持っています。そこで幼稚園において生き物の多様性を感じる保育を理解し，参加してもらうよう保育を振り返り，保育の質を高め，子ども，保育者，保護者が一体となって育つ環境づくりをさらに進めようと思います。

❸ 幼稚園保護者の意識調査から見えてきたもの

　あおい第一幼稚園保護者の調査は，卒園する時期に年長組の保護者だけに毎年行っているものであり，都市部地域の生き物や自然体験を重視する保育を受けた感想が中心です。

　一方，新潟市幼稚園保護者の調査は，日常豊かな自然環境の中で生活する地方都市の幼稚園の全園児の保護者を対象にした自然体験に対する意識調査であり，回答者数もかなり違いがあります。

　ただ，幼児を子育て中の保護者が，自然体験や生き物とかかわる生活をどのように捉えているのか，また自身の幼少体験や思いから，どのような願いを持って子育てをされているのかということが，二つの調査の中での共通部分や違いから読み取ることができたと思います。

写77　畑にて ― 育てているナスの様子を見る（5歳児）

1　自然環境の違い

あおい第一幼稚園の多くの保護者は，子どもを入園させる際に幼稚園の基本方針である『自然の中で動植物や水，土等にかかわる保育』に賛同し，入園志望理由にその旨が書かれています。

その理由として家庭や周りの自然環境が不足していること，保護者が幼稚園を見学した際，園児が生き生きと過ごしているのを見たり，また兄姉が在園した時に自然とかかわる保育に共感した，と述べています。また，多くの保護者自身の子ども時代に生き物が周りに多く見られ，かかわっていたこと，その経験が自身の心の育ちにとても良い影響があったと回答しています。そのため保護者は自然とかかわる保育に期待感を強く持っています。

反面，自然環境が近くに乏しいため，子どもを自然の中に連れ出すのは長期休みが中心で普段は子どもになかなかそのような遊びをさせられないでいることも調査から明らかになりました。

一方，新潟市幼稚園の保護者のほとんどが，自身の子ども時代や現在の環境共に自然が豊かな場所に住んでおり日常意識しなくても子どもが豊かな自然体験をしていることを知っています。

2　意識の違い

新潟市は，海や山，川，田畑，森が近くにあり保護者は四季を通じて子どもを自然の中に連れ出すことができ，実際に多くの家庭がそうしています。また四季の変化が豊かで特に冬の時期は雪も多く降るため，家庭でもスキーやソリなどの季節ならではの自然を活かした遊びを豊富にさせています。

そのため保護者達にとっては，敢えて「自然の中で生活することとは」と意識せずとも，自然豊かな環境に住んでいることを，その厳しさも含めて肯定し，子ども達を自然の中で積極的に遊ばせています。

自然が子ども達に与える影響について逞しさや自然の中で生きる覚悟等，深い思いを回答に見る事ができました。環境が人を創ると言いますが，真に四季のはっきりした地方N市の気候風土に保護者も子ども達も心身共に育まれていると感じ，逞しさを感じました。これは東京都内ではほとんど望むべくもありません。

一方あおい第一幼稚園保護者は，自然災害の少ない都市部の地域に住む快適さを十分に享受している反面，あまり豊かとはいえない自然環境の中で子育てをしていることに多少危機感を持っているようにも感じました。一方数年前に起きた東日本大震災による福島原発事故による放射能汚染に敏感な保護者もおり，園庭での野菜や果樹を食べさせる上での心配の声も寄せられています。

一年中を通じて都市部地域の住民は自然災害をあまり受けない地域に長く住んでいるため，自然の持つ様々な現象の変化に対応する覚悟や意識がどうしても薄くなっていることは否めません。同じ地域で生きる一人として，私も共通の課題を感じます。私たちがこの地で今できることをみんなで考える機会を提供していくことを考えていきたいと思います。

3 共に生きる

❶ ハグの勧め

暮れに年長組のお母さんたちが，劇「ハグくまさん」を上演してくださいました。どんな相手でもハグしてしまうという森とすべての存在を肯定し愛するくまさんのお話を，劇に仕立ててくれたのです。シンプルで温かくて，音楽，語り，役者の息もぴったりで笑い転げながらも，見終わったとき心が熱くなっていました。

お正月のテレビ番組で，長い海外出張中の父親の元に，小学生の息子が内緒で訪ねていく，というのを見ました。びっくりした父親は息子の頭を撫でるのが精一杯で再会の喜びを表現することができません。どの父親もそうでした。

こんな時欧米や中国や韓国の方だったら，思いっきり抱き合って喜びあうんだろうな，日本人は感情表現が本当に下手だなあ，損だなあと思いました。

「抱っこして！抱っこ，抱っこ！」と幼な子がダイレクトに親にスキンシップを求める光景は日頃よく見かけますが，大きくなるにつれ，親も子もスキンシップを取らなくなるのはなぜでしょうか。ハグする習慣のない日本人でも，親子や家族の間で言葉よりも気持ちを伝える最高の方法であることを多くの人が知っています。大きくなった子どもも，本当は時々お母さんやお父さんとハグしたいのではないでしょうか。愛情はあっても責任感が優先し，叱ったり指示用語！ばかり使ってしまうことが多くなってしまいがちです。心に余裕がなくなってくるんでしょうか。言い過ぎたな，と思ったら，ハグとまでいかなくても肩や手などにタッチしてみてはいかがでしょうか。何かが変わるかもしれません。

絵本「ハグくまさん」のお話には，条件付きでなくすべての存在を丸ごとハグする（受け入れる）ことの大切さが込められているのです。

写78 『ハグくまさん（クレヨンハウス）』
―保護者におすすめ絵本として紹介しました

❷ 冬を楽しむ

昔は元旦に1つ年を取るとされ，お正月は特別なものでした。あまり物が豊富ではない時代でしたが，私の母は，5人の子ども達に新しい綿入れの半纏（はんてん）を縫って着せてくれました。また下着も家族全員新品のものに着替えます。お布団も新しいふかふかのものを元旦から使います。父は，若水（家長である男が新年初めに使う水を井戸から汲む習わし）を汲んで家中の神様や仏様（全部で8か所！）に水や供物をあげ，それが終わるとみんなでお雑煮を頂いたものです。お雑煮は，飼っている鶏を潰してダシを取り，お餅も野菜も自家製でそれはそれは香り高い美味しい味でした。半世紀が過ぎた今でも記憶が蘇ります。今は亡き父と年老いた母に感謝しています。

子ども時代の記憶は嗅覚とセットで戻って

くるように思います。初詣の神社のお線香の匂い，参道の屋台から漂ってくる食べ物の匂いにワクワクしました。

また，母の実家である祖父母の家の匂いも，子ども達にとって特別なものとして楽しい思い出と共に深く心に刻まれています。

3学期は寒さに負けず体を使って遊んでもらおうと，私の幼稚園では家庭から集められた大人気の鍋やフライパンなどお料理道具一切をしまい，様子を見ておりました。

すると日頃好んで使っていた子ども達が「鍋ないの？」理由を聞いて納得すると，外へ出て行き，池の氷をかき回したり，ぷちファームへ散策，鬼ごっこやボール，縄跳び等自然に体を使って遊ぶ姿が見られました。

年長組の子ども達がぷちファームでカマキリの卵に傘を差し掛けています。何でも「カマキリの卵は雨に濡れたらだめなんだ」そうです。池に張った氷や畑の霜柱を大切そうにハンカチに包み持ち歩く子も。しばらくしてなくなっているのを不思議そうに見ています。1学期にも畑で育てているトウモロコシをカラスから守ろうとした子ども達が，同時にカラスがお腹が空かないか心配し，別の場所に餌を置いていました。テントウムシを見つけて部屋に遊び場を作ったりと，自然界の仲間を慈しむ温かい心がどんどん育っています。それは「自然の中で仲間と創造的に育つ」保育の結晶であり，職員集団の努力の結果でありましょう。

室内ではカラーや透明のセロファンに絵を描き窓ガラスに貼り付け影が映る様子を楽しむ遊びは，太陽の光が室内に差し込むこの時期ならではの遊びです。空気が乾燥し，感染が広がる冬の季節も，日本の自然は子ども達にたくさんの恵みを与えてくれます。みんなで冬の自然を楽しみましょう。

❸ 草木塔

山形の幼稚園を訪れたとき，園庭の隅に自然石を立てただけの「碑」のようなものを見つけました。園長のS氏に聞くと，幼稚園で死んだ生き物や伐採した樹木の霊を鎮める，と言った目的で，建立されているとのことでした。

調べてみると，約千年前，陸奥の国で大地震，大津波が起こり，続いて火山の噴火も続きました。荒廃した風景に佇んだ僧侶が，「草も木も国土も皆悉く成仏しますように」と願い唱えたのが最古の情報で，その後の飢饉や疫病が流行ったときも，命を落とした人や動物，草木国土の安らかな成仏を祈り，「草木

写79 落ち葉のプール ── 落ち葉は子ども達が遊んだ後，春に畑の栄養として使われます

写80 園庭の草木塔

国土悉皆成仏」を繰り返し唱えられてきたそうです。草木塔は、米沢藩が江戸城に献上する樹木を切り落とす際に建立し、木の霊を慰めたと伝えられていて、山形県に多く見られるものだそうです。私は草木塔に初めて出会いましたが、人も動物も草も木も山も川も命を持つ、という山形の人々の自然観に深い共感を覚えました。

わが幼稚園でも生き物が命を終えたり、草木が枯れたり、切らなければならない時があります。動物が死んだ時は、必ず埋葬する習慣がありますが、植物までは考えていませんでした。自然災害の多い国に生きているからこそ、自然界の恵みに感謝しつつ、同時に謙虚に共生しようと努める事が大切である、また人間が自分や他の命を大切にしながら共存する世界を目指している保育と正に合致すると再認識し、その象徴として早速、わが園でも草木塔を建てることにしました。

準備をしておりましたら「私たちも手伝いますよ」と年長組のお母さんたちが申し出てくださいました。自然石をセメントに埋め込んで数日かかってわが園の「草木塔」が完成、除幕式には乳酸飲料で祝杯をあげました。

子ども達が草木塔の周りで自然に遊んでいます。中にはよじ登る子どもも。そのうち自然石が艶々に光りだすかしら、と思っていましたら子どもの手垢で茶色くなりました。これはこれで良い感じがします。子どもの気配が感じられますから。

❹ 緑のバトン運動

数年前に起きた東日本大震災はそれまであったたくさんの樹木も消失させました。かつて豊かな緑の地であった東北をみんなの力で復活させよう、と朝日新聞社が全国の学校、幼稚園に呼びかけ「緑のバトン運動」というプロジェクトが生まれました。わが園でも早速名乗りをあげました。方法として……

① 東北の業者から苗木を購入する。
② 幼稚園にて鉢植えにし大切に育てる。
③ 大きくなったら東北の地に戻す。

この活動を聞き、真っ先に日頃幼稚園で困っていたことを思い出しました。園内で種がこぼれて芽を出した若木や、苗を購入し植えておいたものが、子どもが自分の背丈に近いからでしょうか、葉をむしり取ってウサギに挙げたり、枝を折ったり引っ張ったりするのでなかなか育ちません。この機会に小さな樹木に注意を向け大事に見守る意識を育てたいと思いました。届けられた「ドウダンツツジ」7本の苗木を子ども達に紹介し、何年後に東北の地で大きく根を張るであろうその姿を想像し、大切に育てよう、と伝えました。

2年後、東北の造園業者から預かって育てておりました「ドウダンツツジ」の苗7本が、ぐんと成長しいよいよ東北の地に帰ることになりました。子ども達が毎日水やりをし、鉢替えも2回行いました。この苗たちは5月に青森県の小学校に向けて巣立っていきました。苗木には子ども達のメッセージや写真を添えました。大震災当時、子ども達は生まれたばかりか、まだ生まれていなかったので記

写81　お母さん達も石を並べてくれました

憶はないはずです。

しかし，先日起きた熊本，大分地震は，ニュースでよく知っており重ね合わせて感じている様子でした。園内の畑に置かれている苗木を見るたび，東北の地が思い浮かぶこの活動はとても良い支援の一つだと思いました。小さな小さな支援ではありましたが子ども達にもわかりやすいようで，私たち職員も心がほんのり温かくなりました。青森の地で大きく育ってもらいたいと思います。

5　多摩川の達人

毎年夏になると水の事故が頻繁に起きています。ある日のニュースで海や川，プールで7人が溺れました，と伝えていました。過半数が子どもです。やり切れません。

孫を連れて「夏休み多摩川教室」に参加しました。リーダーの山崎さん（通称山ちゃん）は，多摩川を「良い子を育て良い場所に」と，水の事故防止をはじめ，多摩川の生態系の保護等命を大切にする気持ちを育てる活動をされているすごい人です。

その日は猛暑で，ライフ・ジャケットを付けた幼児，小学生数十人とその保護者達数十人に「まず川に入りましょう。開会式は川の中でやりまあす」洋服を着たまま川に入ったのは何十年ぶりでしょうか！！意外に水は綺麗で，おへそまで水に入ると，あら不思議，涼しくていい気持ちです。稲田堤あたりの川幅は，府中と違ってとても広く流れはゆったりしています。

山ちゃんは言葉を続けます。「川に入る時は決して一人ではいかない，必ずライフ・ジャケットを着る事，ビーチサンダルは駄目，脱げやすくて危険です。お母さん，お子さんが川でビーチサンダルをなくして帰ってきたら今まで怒っていたでしょ。これからは，ああ流れたのが我が子じゃなくて良かった，良かったって褒めてくださいね」サンダルを追って子どもが流されることが少なくないのだとか。山ちゃんは子ども達や保護者に命を守る具体的な方法を川の中で熱く語ります。

川の中に予め定置網が仕掛けてあってみんなで輪を作りゆっくり網に近づき魚を追い込み網を引き上げると中身をタライにぶち上げました。すると大きなナマズ，アカミミガメ，藻クズガニ，外来種，在来種の魚がそれぞれ数匹ずつと大漁の川の生き物が目の前に表れました。

かつて「死の川」と言われた多摩川が生活排水の浄化等努力の甲斐あって，こんなにたくさん生き物がいるきれいな川に蘇ったことに感動しました。

一つ一つ子ども達に名前や種類を教えて下さり，しばらく触れ合ってから川に放していました。アカミミガメや外来種の魚は，生態系を守るため川のそばに生簀を作り引っ越しさせていました。

さらに山崎さんは，稲田公園内に「おさかなポスト」という飼えなくなった魚を引き取り飼主を探す活動も行っています。一時期，多摩川に捨てられた外来種の魚が繁殖，在来種を脅かしていることに危機感を覚えた山崎

写82　スタッフの方が紙芝居を使って，おさかなポストの活動を年長組にわかりやすく説明してくださいました

さんは，川崎漁協の方たちと協力し，本来のアユをはじめとする日本の魚が泳ぐ川に戻そうと頑張っておられます。

保護した外来種は「おさかなポスト」にて飼育し，命は最後まで大事に守る有志の方にお分けしているのだそうです。子どもの頃，たくさん多摩川で遊び，多摩川を愛する山崎さんは川遊びの達人だけでなく，生き物と共に生きる人生のお手本です。

そして９月半ば，年長組と全職員で「おさかなポスト」見学に行きました。

生憎，天候が思わしくなく，公園に着いた時にはかなり雨脚が強くなってきました。幸いなことに私の幼稚園の子ども達は，雨の日でもレインコートを着て外で遊ぶことに慣れています。レインコートを着込み，バスから降り，意を決して土砂降りの中「おさかなポスト」へ。スタッフの方が待っていてくださり，説明を受けている間，保育者は，ぴんと張ったブルーシートを差し掛け子ども達を雨から守りました。

ところが数分後，生簀に移動する頃，奇跡的に雨は止みはじめ，子ども達はたくさんの外来種の魚や山崎さんが別の水槽からカメとカニを運んできてくださったのを夢中で見ている時には何と薄日が差してきました。

写83　多摩川「おさかなポスト」にて
—川をきれいにするために私たちがしなければならないことを熱く語る山崎さん

山崎さんは，子ども達にたくさんのことをお話してくださいました。特に印象的だったのは「大事に飼っていた生き物の命が終わったら土に埋めてください。そしてその周りに種を蒔いておけば，種は生き物の体の栄養をもらってすくすく育つでしょう」今まで，私たちはいつも幼稚園で死んだ生き物を埋葬する時に，種を蒔くことはしていませんでした。

後日おさかなポストでいただいたキンギョが１匹死んだ時，子ども達と担任は，山崎さんに教わったように，キンギョを埋めた周りにクローバーの種を蒔いていました。

先日の運動会で年長組の子ども達がリレーに挑戦しましたが，埋葬＋種まきとリレーの経験は，まさに山崎さんから聞いた命の循環と重なる，と気づきました。

一つの命が終わるとき，バトンタッチしてまた新しい命に繋げることの深い意味を思うと，勝っても負けても転んでも遅くてもいいではありませんか。自分のペースで自分の役割をしっかり次の命に伝えていくことの大切さを山崎さんと年長組に教えられた秋のできごとでした。

6　池のザリガニ

幼稚園の池のザリガニの数が増え，生態系のバランスが崩れているようです。

いるはずのヤゴやメダカ，ヌマエビの姿が見られません。そこでザリガニ釣り解禁となりました。毎日子ども達は，煮干しを糸に付け，釣りを行う一方，ざるやフライパンで池をかき回し，捕まえる子どももいます。その結果，池の水は濁り水生植物が無残な姿になってしまいました。でも子ども達が夢中で遊んでいる証と，もうしばらく様子を見ようと思います。子ども達は５〜６匹捕まえしばらくして池に返したり，クラスでしばらく

飼ってみたりしています。

　その中にハサミが一つとれてしまったザリガニを通りかかったK君が見て「このザリガニはかわいそうだから逃がしてやりなよ！」と捕まえた子どもを説得していました。このK君，日頃はやんちゃ坊主ですが，優しい気遣いを見せる姿はまるで浦島太郎の様です！心が育っているな，と温かい気持ちになりました。

　4歳児が夢中になっているザリガニ釣りは，ますますエスカレートし，池は常に汚れ，水生植物は壊滅一歩手前までになってしまったので，ついに私は「ザリガニ釣り禁止令」を出しました。子ども達に考えてもらいたいこともありましたが，大切な池の惨状を見ていられなくなり思わず宣言してしまったのです。

　この禁止令を受けて呆然とする子ども達に4歳児の担任である三浦梢教諭は「みんな，どうする？」と問いかけました。担任の援助を受けながら子ども達は相談し次の日から子ども達による池の大掃除が始まりました。折れたミズアオイの茎を拾う，水の中に放置されたコップ，網等を泥水の中から探し出す，見苦しく倒れた植物を束ねてひもで結ぶ，等。

　程なくして職員室に4歳児達が駆け込んできました。「百合子センセイ，池の掃除し

写83　ザリガニつり

たよ！明日もやる！」「どうして掃除したの？」と私。「あのね，ザリガニやメダカがかわいそうだから！」「池のお花に優しくしなきゃいけないから！」私「どうして池のお花に優しくするの？」「えーと，お花が元気じゃないと，池が汚くなるから」「汚くなるとどうなるの？」「ザリガニやメダカが死んじゃうから」クラスで担任やみんなで話し合い，納得し子ども達が早速行動に移したのです。掃除は2週間たった今でも続いていて誰かが必ずやっています。お陰様で池の水は澄んで，生き物が水の中で動く様子が良く見えるようになりました。「百合子センセイ，飴食べたでしょ？」先日，4歳児のCちゃん達数人が池に落ちていた飴の袋を見せにきました。ちょっと怒っています。「違う違う，私が食べている飴はこれだよ」と私が慌てて薬用のど飴の袋を鞄から出して見せました。

　別の日，年長組のTがザル状の容器で池の底をかき回しザリガニを探しているのを見た4歳児R君，「そんな採り方しちゃ駄目だよ！」と厳重抗議をしていたと聞き，年上の子どもにそんな言い方をするのは滅多にないことですので，驚いたり感心したりしました。4歳児達の池をきれいに保つ活動が一時的でなく心に残っていったら素晴らしいなと願い，彼らの成長を楽しみに見守っているところです。

7　保護者，地域との協力

　家庭の飼育と同様に飼育動物の健康管理にも獣医師のサポートが不可欠です。

　全国自治体で獣医師会による学校飼育動物の診療・飼育指導活動が広がっています。

　この活動は，動物飼育を推進し子どもの心の育ちを援助すると同時に動物側の環境エンリッチメントを獣医師の立場からサポートす

るという狙いがあります。

　私の地域でも，2012年から東京農工大学農学部附属広域都市圏フィールドサイエンス教育研究センターにより，「東京農工大学と地域を結ぶネットワーク事業」の一環として開設されました。幼稚園・保育園・小学校を対象に動物飼育に関する医療行為，教師や保育者の研修，また必要に応じて小動物の提供，避妊手術等，物心両面からの支援が行われています。

　幼稚園，小学校は，この事業を無償で利用できます。保育者は動物飼育の方法や工夫などの知識を得られ，生き物の扱いに自信を持って取り組むことができています。また，動物による感染を心配する保護者への様々な情報発信をする等，たくさんの恩恵を受けております。

　10年前，私の幼稚園の陸ガメの甲羅が異常隆起し治療を依頼した際，入院・手術の費用が十数万円かかり経済的に大きな負担がかかったことがありましたので今の制度は本当に助かっています。

　現在あおい第一幼稚園では，フィールド・サイエンスセンター獣医師による健康診断，治療，子ども達のセンター見学，飼育小屋や飼育環境についての指導を受ける等，飼育に関する多くのサポートを受けています。園児達は専門家である獣医師から動物の生態や飼い方等の話を聞くという貴重な機会を得られています。

　私の子ども時代には，周りには生き物は家畜か，野生の生き物たちがたくさんいました。ごく当たり前に生き物がいて，子を産み育てたり，死んだりしていました。その中のいくらかは食糧にもなりましたが，私は彼らを地球に住む仲間の一人として認識していたし，恐怖を伴った畏敬の念を感じていたと思います。そして周りの大人達は動物の扱いにとても慣れていました。

　現在，市街地では野生の生き物や，放し飼いの犬は滅多にお目にかかれません。保育者や保護者達は，生き物の扱いにとても不慣れで子ども達のお手本になれません。私の子ども時代と全く異なる状況です。

　子ども達は生きている実感をどこで掴むのでしょうか。せっかく多様な生物が生きている地球に住んでいるのに，人間たちだけで孤立して生きていくのは残念に思います。家庭で飼うことが難しいのであれば，ぜひ幼稚園，保育園や小学校，中学校等集団生活で飼育活動を行っていきたいものです。

　鈴木獣医師によると動物飼育を行う上で最も大切なことは目的や期待にあった動物を選ぶことであることだそうです。私はこの点に，様々な園環境「園庭が狭い，アレルギー，休日の世話等」の違いによる飼育の困難性を解決する一つの工夫を見出すことができると考えています。

　私の場合は，生き物を飼育しながら方法を一から学んでいったのですが，前もって保育者に動物の飼育と触れ合い方に関する，ある程度の知識があり生き物との触れ合い時に子

写84　4歳児がウサギの健康診断に出かけました ― 農工大学獣医学研究室・鈴木馨先生と

ども達のそばにいれば，よりスムーズな飼育活動が行え，思わぬ事故や病気から防げるのではないかと思います。

このように，獣医師をはじめとする地域の専門家との連携が得られれば，園での飼育のいろいろな困難を乗り越えることができるのではないでしょうか。

3月に卒園児55人が幼稚園を巣立っていきました。彼らは幼稚園で実に様々な経験をしました。その中には楽しいことばかりではなかったと思います。

集団生活の中で自分の居場所をどう作るか，仲間との付き合い方，生き物のかかわり方でうまくいかず涙ぐむ場面もたくさんありました。そのつど保育者，保護者，仲間と話し合い一つ一つ乗り越えてきました。

年度の初めに私たちが掲げた保育目標を振り返ってみましょう。

❶ 心身ともに健康で意欲的に活動できる子ども
　＝心から笑える子ども，目を輝かせて物事に向き合える子ども
❷ 自分のことは自分ででき，友達を思いやれる子ども
　＝命を大切にする子ども，自信と優しさに満ちた子ども
❸ 自分の力を発揮し，あきらめずに挑戦する子ども
　＝最後までやり抜く子ども，自分の力を信じられる子ども
❹ 豊かな感性と理性で物事を深くとらえ自分の考えが出せる子ども
　＝嫌なことはいやと言える子ども，想像性豊かな子ども

100％とはいきませんが卒園児一人一人を見送った今，上記の目標をほぼ達成できたと感じています。生き物は子ども達や保護者達の優しさを引き出し，能動的にしてくれます。

これからも上記目標に向かって保育者集団が一丸となって精進していき，地域や保護者の人たちと「共に生きる」をスローガンに子どもが社会とかかわるすべての場面で我が子も我が子以外の子も一人一人を見守り，褒め，時には諫めていけば，子どもは守られている実感と共に大人への信頼と尊敬を抱き健やかに成長することでしょう。

●著者紹介●

石塚百合子（いしづか　ゆりこ）

1952 年	東京都多摩市生まれ
1973 年	東京保育専門学校卒業
1990 年	明星大学人文教育学科通信教育部卒業
2014 年	白梅学園大学大学院修士課程修了
現　在	あおい第一幼稚園園長

●著書等
- [絵本] あおい第一幼稚園　平成 24 年度うめ組さくら組
『アイビー　ようちえんのいぬ』あおい第一幼稚園　2013
- [実践報告]（あおい第一幼稚園　三浦梢教諭，佐々木清美教諭，鈴木乙夏教諭　共同執筆）
あおい第一幼稚園「うさぎと共に生きる」2016　平成 28 年度
ソニー幼児教育支援プログラム優秀賞　他

生き物と幼児 ー ムクロジの木の下で
2018 年 3 月 15 日　第 1 版第 1 刷発行

●著　者	石塚百合子
●発行者	長渡　晃
●発行所	有限会社　ななみ書房
	〒 252-0317　神奈川県相模原市南区御園 1-18-57
	TEL　042-740-0773
	http://773books.jp
●デザイン	内海　亨
●印刷・製本	協友印刷株式会社

©2018　Y.Ishizuka
ISBN978-4-903355-71-9
Printed in Japan

定価は表紙に記載してあります／乱丁本・落丁本はお取替えいたします